Barbara Bartos-Höppner
Burghard Bartos

DAS OSTERBUCH
für die ganze Familie

Zeichnungen von Arnhild Johne

Ueberreuter

CIP-Kurztitelaufnahme der Deutschen Bibliothek

Bartos-Höppner, Barbara:
Das Osterbuch für die ganze Familie / Barbara Bartos-Höppner;
Burghard Bartos. Zeichnungen von Arnhild Johne. —
Wien: Ueberreuter, 1987
ISBN 3-8000-1710-5
NE: Bartos, Burghard:

Quellennachweis:

Hugo von Hofmannsthal, „Vorfrühling", aus: Gedichte. IB 461, © Insel Verlag,
Frankfurt am Main 1970.
Peter Huchel, „Ostern in Alt-Langerwisch", aus: Gesammelte Werke. © Suhrkamp
Verlag, Frankfurt am Main 1984.
Rose Ausländer, „April", aus: Gesammelte Gedichte. S. Fischer Verlag, Frankfurt
am Main.
Hermann Hesse, „Voll Blüten", aus Gesammelte Dichtungen, Band 5, © Suhr-
kamp Verlag, Frankfurt am Main, 1952.
„Der Winter ist vorüber", aus: Gottfried Wolters, „Das singende Jahr." Textüber-
tragung von Hans Baumann. Mit freundlicher Genehmigung des Karl Heinrich
Möseler Verlages, Wolfenbüttel.
Leopold Kretzenbacher, Passionsbrauch und Christi-Leiden-Spiel in den Süd-
ost-Alpenländern, Otto Müller Verlag, Salzburg 1952.
Maria Girard über die Karfreitagsprozession von 1752. Nach der Übersetzung in
„Hessenland 5", 1891, Seite 231 f.

J 1585/1
Alle Rechte vorbehalten
Umschlag und Illustrationen von Arnhild Johne
© 1987 by Verlag Carl Ueberreuter, Wien
Printed in Austria

J 1585/1
Alle Rechte vorbehalten
Umschlag und Illustrationen von Arnhild Johne
© 1987 by Verlag Carl Ueberreuter, Wien
Printed in Austria

Inhalt

Fasching - Fastnacht - Karneval 9

In ersten Kapitel wird von der närrischen Zeit erzählt, wie sie im Rheinland, im Alemannischen oder in den Alpenländern gefeiert wird, bis der Aschermittwoch dem Maskentreiben ein Ende setzt und alle Gläubigen mit der Fastenzeit wieder zur Besinnung bringt.

Auf Ostern zu! 21

Im zweiten Kapitel wird von vierzig Fastentagen und ihren kargen Mahlzeiten erzählt, von kostbaren Fastentüchern und Fastenkrippen, die nur noch selten anzutreffen sind, von den Schnepfensonntagen und von Lätare, an dem der Winter verjagt und der Sommer herbeigesungen wird.

Vom Narrenmond zum Knospenmonat 31

Im dritten Kapitel ist von bäuerlichen Wetterregeln die Rede, beginnend mit Maria Lichtmeß am 2. Februar bis zur Walpurgisnacht am 30. April, von der es heißt, daß sich die Hexen zum Tanz auf dem Blocksberg treffen, und von einem Papst, der den Kalender neu ordnete und damit den Bauern die Wetterregeln durcheinanderbrachte.

Nächstes Jahr in Jerusalem ... 47

Im vierten Kapitel wird von Josef erzählt, den seine Brüder nach Ägypten verkauften, und wie das Volk Israel in ägyptische Gefangenschaft kam, von Gott selbst befreit wurde und seitdem nach Gottes Geboten das Passahfest feiert.

Was man vom Osterhasen erzählt 57

Das fünfte Kapitel handelt von einem wirklich und wahrhaftig eierlegenden Hasen und davon, warum das Eierlegen von den anderen, die im Feld leben, erwartet wird; vom Hasen im Mond ist die Rede, von verteufelten Hasen und von geliebten Hasen, denen die Kinder ein Hasengärtlein bauen.

Ei - Symbol des Lebens 67

Im sechsten Kapitel ist von kunstvoll verzierten Ostereiern die Rede, von Eierbäumen, Zinseiern und was damit gemacht wurde; von heidnischen Eieropfern, christlichen Eierbräuchen und von Gründonnerstags- und Karfreitagseiern, bei denen beides zusammenkommt.

Gehst du nicht bald nach Haus, lacht dich der Kuckuck aus! 77

Im siebenten Kapitel sind Osterlieder gesammelt, zehn an der Zahl, bekannte und unbekannte; eine Auswahl, die es wert ist, sich daran zu erinnern, gesungen, gelesen und gespielt zu werden.

Er liebt mich ... er liebt mich nicht ... 91

Im achten Kapitel wird von Frühlingsblumen und Osterblumen erzählt, angefangen vom einfachen Gänseblümchen bis zu den Veilchen und den Himmelsschlüsseln, durch die man zu unermeßlichem Reichtum kommen kann, bis zur bedeutungsvollen Blüte der Passionsblume.

Doch im Laubloch und im Nest der Zäune lag sein feuerbuntes Ei 105

Im neunten Kapitel sind Verse und Gedichte zum christlichen Ostergeschehen gesammelt, Gedichte vom Frühling und vom Osterhasen zum Kennenlernen, Wiederlesen, Nachdenken und Freuen.

Von Palmarum zur Passion 121

Im zehnten Kapitel wird von Palmbuschen berichtet, von Palmeseln und Prozessionen, vom Ende der Fastenzeit, vom Gründonnerstag, von der Passion Jesu Christi in Jerusalem, von davongeflogenen Glocken und vom Ostersamstag, der auch Kaukenbackensamstag genannt wird.

Gebildbrote und Ostersuppe 143

Im elften Kapitel wird das Rezept für gebackene Osterhasen und Osterlämmer verraten und erzählt, wo diese Gebildbrote herkommen, weiter erfährt man Rezepte für eine echte griechische Ostersuppe und einen üppigen Ostertisch, für Eierlikör und Eiergrog.

Kreuzige, kreuzige ihn! 157

Im zwölften Kapitel wird von Karfreitagsprozessionen berichtet, von einer Kreuztracht, die heute noch stattfindet wie vor Jahrhunderten, von ernsten Passionsspielen und solchen, bei denen der Teufel als großer Spaßmacher aufgetreten ist.

Christus ist auferstanden! 171

Im dreizehnten Kapitel ist von einem Konzil die Rede, auf dem festgelegt wurde, wann Ostern zu feiern sei, von der Göttin Ostara, vom geheimnisvollen Osterwasser und vom Ostergelächter. Nicht vergessen sind Osterfeuer und Osterräder und noch vieles mehr.

Das Fest aller Feste 195

Im vierzehnten Kapitel wird von der dunklen russischen Osternacht erzählt, in der plötzlich die Lichter aufflammen, von Osterkerzen und Osterküssen, von ausgelassener Freude, die auch bei den Griechen zu Hause ist, sobald der Ostertag anbricht, auf welche Weise die Leute in Finnland zu Eiern kommen und welches Schicksal die Zugvögel auf Capri zu Ostern ereilte.

Das Osterkalendarium

In diesem Anhang sind die Festtage des Osterfestkreises übersichtlich zusammengefaßt nebst der Übersetzung ihrer lateinischen Namen und einer kurzen Erklärung.

Fasching - Fastnacht - Karneval

Im ersten Kapitel
wird von der närrischen Zeit
erzählt, wie sie im Rheinland, im
Alemannischen oder in den
Alpenländern gefeiert wird, bis der
Aschermittwoch dem Maskentreiben
ein Ende setzt und alle
Gläubigen mit der Fastenzeit
wieder zur Besinnung bringt.

Aschermittwoch. Die Narren haben ausgespielt, ausgetanzt, ausgetobt. Vorbei sind nun die tollen Tage. Um Mitternacht ist die Fastnacht als Strohpuppe verbrannt, ersäuft oder begraben worden, in manchen Orten, anrüchig genug, im Misthaufen. Und das, nachdem so viele, Männlein und Weiblein, Große und Kleine, Junge und Alte, mit ihr tagelang, wochenlang auf du und du gestanden haben. Aschermittwoch, Zeit zum Kirchgang, Zeit, um Buße zu tun, Zeit zu beten, Zeit für das Aschenkreuz auf der Stirn als Mahnung an den Staub, aus dem der Mensch geschaffen ist, zu dem er wieder werden wird. Es ist nicht irgendeine Asche, mit der die Priester das Aschenkreuz schreiben, es ist die Asche der geweihten Palmbuschen vom Vorjahr.

Aschermittwoch, Fastenzeit. Auf einmal steht der Alltag in den Straßen, in denen noch Konfetti und Papierschlangen liegen, womöglich eine Schelle oder Fleckerln vom Narrengewand, dort, wo der Fastnachtszug seinen Weg genommen hat, wo die Narren gesprungen sind und getanzt haben. Sollte sie wirklich schon vorüber sein, diese Zeit der übermütigen Feste, die es jedem erlaubte, im Narrengewand, mit Narrenkappe und Maske einmal derjenige zu sein, der er sein wollte?

Ich bin in einer Gegend aufgewachsen, in der es die tagelange, wochenlange närrische Zeit nicht gab, ob sie nun Karneval heißt, wie im Rheinland, Fastnacht, wie im Alemannischen, oder Fasching, wie in den Alpenländern. Das alles habe ich erst später kennengelernt. In meiner schlesischen Heimat, in der ich geboren wurde, beschränkte sich die Fastnachtszeit auf Maskenbälle, die von Innungen, Gilden oder der Feuerwehr veranstaltet wurden oder von Gastwirten, die große

Säle zur Verfügung hatten. Sie kündigten ihren Maskenball
mit einer Zeitungsanzeige an:

Am Samstag, 3. Februar, großer Preismaskenball!
Beginn 20 Uhr
Prämierung des schönsten Kostüms: 23 Uhr
1. Preis ein Truthahn!

Natürlich ging die Stimmung auch bei einem solchen Maskenball hoch, besonders kurz vor und nach der Demaskierung.
Ich habe auch als Kind mehr als einmal zugesehen, wenn ein
solches Kostüm genäht worden ist, aber der Sinn dieses Un-
sinns ist mir nie aufgegangen. Es war eben Faschingszeit.
Daß sie bereits am 11. 11. um 11 Uhr 11 jedes Vorjahres anfängt, was in Karnevalsgegenden bierernst genommen wird, darüber konnte man bei uns daheim nur den Kopf schütteln.
Ich habe auch später erst erfahren, daß 11 die Narrenzahl
ist, weshalb die erste Narrensitzung am 11. 11. um 11 Uhr 11
stattfindet. In dieser Sitzung wird ein Elferrat gewählt, der
den ganzen Unsinn der kommenden närrischen Zeit organisiert.
In meinem Elternhaus gab es am 11. November auf dem Tisch
eine Martinsgans, dem heiligen Martin zu Ehren, und das
war schon viel. Ich bin in einer protestantischen Gegend
groß geworden, von einem Elferrat war nirgends die Rede.
Genausowenig wie vom sogenannten Elfergebot, das die 10
Gebote außer Kraft setzt und alles erlaubt, wenn auch nur
für eine bestimmte Zeit. Es erlaubt, ausschweifend, maßlos
und toll zu sein, um am Aschermittwoch guten Grund zu
haben, in sich zu gehen, Buße zu tun und sich mit Fasten zu
reinigen.
Der rheinische Karneval ist aus Venedig über die Alpen gekommen, wofür das Wort Karneval ein Beweis ist. Es soll
seinen Ursprung in *carne vale* haben und bedeutet in der
italienischen Sprache: Fleisch ade! Fastenzeit also. Nebenbei
bemerkt, wird der Karneval in Venedig besonders prächtig, ja
elegant gefeiert und dazu total, wenn ich an die geschlach-
teten Hühner und Hähne denke, die mit bunten Röckchen
und Hütchen bekleidet an Stangen baumeln.

Vom kilometerlangen Rosenmontagszug abgesehen, spielt sich der rheinische Karneval in Sälen ab, in denen Karnevalssitzungen veranstaltet werden, bei denen der Präsident des Elferrates den Ton angibt und die Karnevalsredner, die Stimmungsmacher, in die Bütt gehen.

Zu diesen Sitzungen zieht die Funkengarde auf, große, gutgewachsene junge Männer in Fantasiekostümen, und in keiner Sitzung fehlt das behende Tanzmariechen. Es ist eine beachtliche Leistung, die dieses Mariechen Abend für Abend vollbringt, das neben seinen Auftritten einem normalen Beruf nachgeht.

Außer den Karnevalssitzungen gibt es die Weiberfastnacht am schmalzigen Donnerstag. Mit ihm fangen die sechs tollen Tage an. Die Herrenfastnacht folgt am Sonntag Estomihi, danach der Rosenmontag, und schließlich, am Dienstag, der eigentliche Fastnachtstag.

In dieser närrischen Zeit wäre es gut, in Köln ein Schiff zu besteigen, ein Narrenschiff, das sich sowohl zu Lande als auch zu Wasser fortbewegen kann, und jetzt mit diesem Schiff rheinaufwärts zu fahren, einem anderen närrischen Staat entgegen. Staat ist bewußt gesagt. Je näher der Fastnachtstag nämlich rückt, desto mehr verlieren alle anderen Gesetze an Geltung gegenüber dem närrischen Gesetz. Bevor aber Mainz erreicht wird — Mainz, wie es singt und lacht! —, ist Zeit, darüber nachzudenken, was es mit einem Narrenschiff auf sich hat, das in vielen Karnevalszügen auf Rädern mitgeführt wird. An Dionysos ist zu denken.

Im alten Griechenland war er die Gottheit des sommerlichen Wachstums. Alljährlich, bevor der Winter kam, machte er sich — rebenbedeckt — auf einem Schiff davon in ein fernes, unbekanntes Land.

Im Frühjahr aber, wenn die Menschen lange genug nach ihm Ausschau gehalten hatten, kam er wieder, und alle nahmen ihn voller Freude auf. Und weil alle an seinem Segen teilhaben wollten, luden sie ihn samt seinem Schiff auf einen Karren und zogen damit über die Felder. Nun konnten sie sicher mit dem sommerlichen Segen des Dionysos rechnen. Das merkwürdige Schiff zu Wasser und zu Lande aber ist in unse-

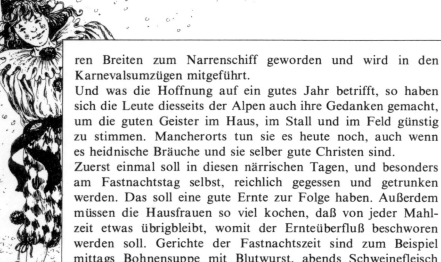

ren Breiten zum Narrenschiff geworden und wird in den Karnevalsumzügen mitgeführt.

Und was die Hoffnung auf ein gutes Jahr betrifft, so haben sich die Leute diesseits der Alpen auch ihre Gedanken gemacht, um die guten Geister im Haus, im Stall und im Feld günstig zu stimmen. Mancherorts tun sie es heute noch, auch wenn es heidnische Bräuche und sie selber gute Christen sind.

Zuerst einmal soll in diesen närrischen Tagen, und besonders am Fastnachtstag selbst, reichlich gegessen und getrunken werden. Das soll eine gute Ernte zur Folge haben. Außerdem müssen die Hausfrauen so viel kochen, daß von jeder Mahlzeit etwas übrigbleibt, womit der Ernteüberfluß beschworen werden soll. Gerichte der Fastnachtszeit sind zum Beispiel mittags Bohnensuppe mit Blutwurst, abends Schweinefleisch mit Sauerkraut. Fleisch und möglichst Schweinernes ist in diesen Fastnachtstagen geradezu eine Notwendigkeit. Unter allen Umständen muß es am *schmalzigen Donnerstag* aufgetischt werden. Dazu wurde den jungen Mädchen dringend geraten, das Fleisch stehend zu verzehren, damit sie recht starke Waden bekämen. Wie man sieht, nicht nur die Zeiten, auch die Schönheitsideale ändern sich.

An Fastnacht selbst muß frisch geschlagene Butter auf den Tisch kommen, damit das Jahr über der Schmalztopf im Haus niemals leer wird. Auch soll ein jeder viel Milch trinken, um bei der Heuernte und überhaupt keinen Sonnenbrand zu kriegen.

Vor allem aber war es schon immer geboten, Hirse und Erbsen zu essen, auf daß es einem das ganze Jahr über weder an großem noch kleinem Geld mangele, und eine gute Erbsensuppe gab es auch in meinem Elternhaus zu jeder Fastnacht. Ob es nun dem großen oder dem kleinen Geld etwas genützt hat, weiß ich nicht, aber der Aberglaube hat eine Rolle dabei gespielt. Obwohl meine Mutter immer behauptete, nicht abergläubisch zu sein.

Das Narrenschiff, das auf dem Wasser ebenso beweglich ist wie auf dem Land, hat jene Stadt erreicht, in der die närrische Zeit sowohl Karneval heißt als auch Fastnacht: Mainz. Hier gibt es den Karneval genauso wie das alte „Mainzer Fastnachtslied", Karnevalsklubs wie Fastnachtsvereine. Es gibt Karnevalssitzungen, und es gibt Straßenfastnacht und — es gibt die alljährliche Fernsehübertragung „Mainz bleibt Mainz, wie es singt und lacht".

Ein Stück südlich von Mainz heißt die Narrenzeit nicht mehr Fastnacht, sondern Fasnet. Fasnet vom nördlichen Schwarzwald bis zum Bodensee, Fasnet in Villingen, in Emmendingen, in Rottweil, in Konstanz. Hier im Alemannischen ist das närrische Treiben vor allem Straßenfastnacht und mit seinen Umzügen auf wenige Tage vor Fastnachtsdienstag beschränkt. Hier sind die traditionellen Narrengewänder beheimatet, die das Jahr über gehegt und behütet werden und nicht selten bereits vom Großvater stammen.

Für die vielen verschiedenen Narrentypen sollen einige stellvertretend genannt sein. Der Narro muß sie anführen mit seiner lächelnden Holzmaske und dem großen Fuchsschwanz darüber, dem gefältelten Kragen im Nacken und den Gurten mit den vielen bronzenen Rollschellen daran. Vornehm sieht er aus. Sein helles Gewand ist freundlich, frühlingshaft mit Blumen und Blättern bemalt.

Dem schönen Narro ähnlich sind die Schellennarren, die sich von ihm darin unterscheiden, daß sie groteske, häßliche Larven und einen phantastischen Kopfputz tragen. Sie finden sich in jedem Ort, und weil sie sich springend fortbewegen, sind sie immer schon aus großer Entfernung zu hören, der Schellen wegen.

Die Schuddignarren sollen nicht vergessen werden, die in Elzach zu Hause sind, feuerrote Zottelkleider tragen und über der Maske auf dem Kopf einen Dreispitz, der über und über statt der Schellen mit Muscheln garniert ist. In Rottweil darf zu keiner Fastnacht der Federerhansele fehlen, der auch keine schöne Maske hat und, auf einen hohen Stock gestützt, die unberechenbarsten Sprünge macht. In Wolfach ist der Nußhansele daheim, dessen Narrengewand aus dreitausend Walnüssen besteht.

Es gibt Bären im Maskenzug und das Totengfries (Totengesicht), es gibt die Hemdglonker, die im Nachthemd durch die Straßen ziehen, und ohne den Bengelereiter ist ein Fastnachtszug nicht zu denken. Dazu kommen Hexen und Teufel und die Wilden Männer. Die einen schlagen mit Besen um sich, die anderen mit Karbatschen oder Pritschen. Es wird mit Peitschen furchtbar herumgeknallt, aber immer wieder sind es die Schellen und Glocken, die den Lärm übertönen. Lärm muß sein. Schließlich geschieht dieses ganze unsinnige Toben nur deshalb, um die bösen Geister zu vertreiben, die der Winter mit sich gebracht hat und die keinen Versuch unterlassen, sich mit Kälte und Krankheit in Haus und Hof unbeliebt zu machen. Andererseits soll der Lärm aber auch die Geister des Frühlings wecken, damit sie dem Winter die Herrschaft so schnell wie möglich streitig machen.

In München, überhaupt in Bayern, gibt es weder Karneval noch Fastnacht, hier gibt es den Fasching, und wenn vom närrischen Treiben in Maske und Kostüm die Rede ist, heißt es Maschkera. Bei keinem Umzug fehlt auf einem Wagen die Altweibermühle, in der auf geheimnisvolle Weise auch die älteste und runzligste Greisin wieder jung und drall wird. Kaum ist sie auf der einen Seite hineingegangen, wird sie in der Mühle rumpelnd und dröhnend gemahlen und kommt schließlich jung wieder heraus, wenn sie auch sehr burschenhaft anzusehen ist. Denn es ist ungeschriebenes Gesetz bei allen traditionellen Fastnachtsfiguren, daß immer Männer unter Maske und Kostüm stecken.

Von den ehemaligen Rügegerichten, an denen die Narren über Leute zu Gericht saßen, deren Schuld und Vergehen keine Justiz hatte erfassen können, ist in Benediktbeuern eine Glosse übriggeblieben, Haberfeldtreiben genannt. Dort zieht der Haberfeldmeister mit seinen vermummten Haberern auf und erinnert, humorvoll und natürlich in Versen, an alle Geschehnisse und Mißgeschicke, denen die Benediktbeuerer das Jahr über ausgesetzt gewesen sind. Daß er nur die reine Wahrheit gesprochen hat, läßt er sich nach jedem vorgebrachten Vers von seinen Haberern bestätigen.

„Buam, is des woahr?" — „Woahr ist's!" — „Dann macht's und treibt's zua." In diesem Augenblick rühren die Haberer ihre mitgebrachten großen Kuhglocken. Es ist bis in das letzte Haus zu hören.

Nicht alljährlich, sondern alle vier Jahre findet in Imst in Tirol der Schemenlauf statt. Für jedes Jahr scheint dieses Ereignis gar zu aufwendig zu sein. Die Kostüme und Masken haben auch hier ihre Tradition. Besonders zu bewundern sind die Scheller mit den großen Kuhglocken am Gürtel, vor allem wegen ihres riesigen Kopfputzes aus künstlichen Blumen, Gold- und Silberfäden, Glasfedern und einem Spiegel in der Mitte, der einer Monstranz nicht unähnlich ist. Das alles wird schön mit Eibenzweigen eingefaßt und, wie gesagt, auf dem Kopf getragen. Kopfputz, Kuhschellen und Maske wiegen zwanzig bis dreißig Kilogramm.

Viel leichter haben es die Roller auch nicht, Sie tragen über den jugendlichen freundlichen Masken ebenfalls eine Monstranz aus Gold- und Silberfäden, aus Kunstblumen und Glasfedern, und sie haben etwa vierzig Glöckchen am breiten Gurt, aber eben nur Glöckchen. Ihre Schritte, Wendungen und Sprünge sind genau vorgeschrieben, sie ähneln einem Tanz.

Beim Imster Schemenlauf gibt es den Sackner mit spitzem Hut, die Sacknerin mit der Pelzkappe über der fürchterlichen Altweibermaske, es gibt Hexen, die mit einer Hexenmusik daherkommen, es gibt den Vogelhändler, den Bären und den Bärentreiber.

Wie es heißt, soll bereits vor Jahrhunderten in ganz Tirol das Schemenlaufen üblich gewesen sein, aber nirgendwo hat sich dieser Brauch so gut erhalten wie in Imst. Er fängt am Fastnachtssonntag um zwölf Uhr an und endet am Abend mit dem Betläuten.

Die Fastnachtszeit beginnt nicht überall mit demselben Datum. Erlaubt ist sie bereits am 6. Januar mit dem Dreikönigstag. In Telfs, in Tirol, wird schon an diesem Abend unter Böllerkrachen der Natz ausgegraben, die Strohpuppe, die den Fasching darstellt und die fünf Jahre vorher eingegraben worden ist. Die Telfser Fastnacht wird nur alle fünf Jahre, aber dann ganz großartig gefeiert.

In den meisten Gebieten wird mit der Fastnacht jedoch bis nach Maria Lichtmeß gewartet, dem 2. Februar. Maria Lichtmeß, vierzig Tage nach Christi Geburt, beschließt den erweiterten Weihnachtsfestkreis. Zu Maria Lichtmeß wird in einer Messe geweiht, was Licht gibt: Wachs und Kerzen. Und erst jetzt soll die närrische Zeit beginnen.

In früheren Jahren begann mit Maria Lichtmeß bereits die Vorfrühlingszeit, mochte draußen auch noch so viel Schnee liegen. Auf dem Land wußte jeder, daß die Zeit am warmen Ofen dem Ende entgegenging. „Lichtmessen, der Winter halb vergessen", hieß es bei den Leuten, und sie kümmerten sich um Pflüge und Eggen, selbst wenn an Feldarbeit längst noch nicht zu denken war. Also kam ihnen die Zeit des närrischen Treibens gerade recht, mit dem die Wochen bis zur Schneeschmelze gut herumgebracht werden konnten. Auch die Fastenzeit, die mit Aschermittwoch anfing, hatte ihr Gutes nach den fetten, üppigen Tagen, den feuchtfröhlichen Wochen.

So wie die Fastnachtszeit nicht an jedem Ort zu gleicher Zeit beginnt, so hört sie auch nicht überall zur gleichen Zeit auf, trotz Aschermittwoch. In Basel geht das Maskentreiben eine ganze Woche lang weiter, bis zum Sonntag Invokavit, dem ersten Sonntag in der Fastenzeit. Von Tirol bis über den Main hinauf heißt dieser Sonntag auch der Funkensonntag, und bis heute werden, wenn die Dunkelheit kommt, die Funkenfeuer angezündet. Es findet sich überall eine Anhöhe, von der aus der brennende Holzstoß, Funken genannt, weithin sichtbar sein wird. Tagelang vorher wird nicht nur Reisig gesammelt, auch Holz, Stroh und Kisten, und das alles muß zu einem sechs- oder achteckigen Stoß aufgetürmt werden. Dazu ist viel Sorgfalt nötig, damit der Funken auch bis zu seinem Höhepunkt hinaufbrennt.

Der Höhepunkt jedes Funkens ist eine hochaufragende Stange, an die eine weibliche Strohpuppe gebunden ist: die Hexe, das Symbol für alle winterlichen Dämonen. Unter ihrem ausgestopften Rock steckt Schießpulver im Stroh; und es läßt sich vorstellen, wie alle dem Augenblick entgegenfiebern, in dem das Feuer den Rock erreicht hat und die Hexe knallend und sprühend auseinanderreißt und in die Luft schleudert. In manchen Orten wird danach ein Feuerwerk abgebrannt, noch häufiger aber folgt der uralte Brauch des Scheibenschlagens.

Dazu werden Holzscheiben im Feuer des großen Funkens glühend gemacht, von den jungen Burschen mit einem Stock herausgefischt und durch die Luft geschwungen. Nicht selten wird ein Spruch dabei gerufen, weil jede glühende Scheibe einem bestimmten Mädchen gewidmet ist. Und so sind diese „Funken" nicht nur Frühlingsfeuer, sondern auch Liebesfeuer. Außerdem heißt es von ihnen, sie wären ein Überbleibsel aus der Vorväterzeit, womit die heidnische, germanische gemeint ist. Damals sollen es Brandopfer gewesen sein. Seit aber das Christentum festen Fuß nördlich der Alpen gefaßt hat, wurde das Funkenabbrennen auf den Sonntag Invokavit gelegt und damit gleich ein Wunderglaube verbunden. Weder vom Wind davongetragene Funken noch unglücklich geschleuderte Scheiben sollen Strohdächer in Brand setzen können. Es haben sich genug Chronisten gefunden, die es bezeugten.

Fest steht jedoch, daß im Jahre 1090 das Kloster Lorsch durch eine unachtsam geschleuderte Scheibe in Brand geraten ist. Auch gibt es Erlasse, wie jenes kaiserliche Patent vom März 1754, wonach der „schädliche und vom alten Heidentum herrührende Brauch" erneut untersagt wird und die Eltern für ihre Kinder haftbar gemacht werden. Genützt haben diese Verbote der weltlichen Herren ebensowenig wie die der kirchlichen.

Und was die Verbote der Kirche betrifft, sie haben sich nicht nur auf die Funken bezogen. Immer wieder im Verlauf der Jahrhunderte hat es ein Für und Wider zum Fastnachtstreiben gegeben. Die Befürworter beriefen sich darauf, daß die Leute ja erst einen Anlaß haben müßten, um Buße zu tun. Den Gegnern ging die Schamlosigkeit und das unzüchtige Treiben gar zu weit.

Aus einer solchen Verbotszeit mag bis zum heutigen Tag die Furcht vor der Bannmeile stammen, in die der Kirchhof und die Kirche gehören. Ein Maskierter, so wird berichtet, mißachtete dieses Gebot. Er verfolgte die Kinder, die vor seiner gräßlichen Maske in die Kirche flohen, und konnte darauf die Maske nicht mehr vom Gesicht kriegen, sein Leben lang. Diese Begebenheit soll in den drei letzten Tagen vor Fastnacht geschehen sein. Und gerade diese drei Tage sind die allerwichtigsten.

Aschermittwoch. Die Palmbuschen vom letzten Jahr werden verbrannt. Die einzelnen Zweige, die das Haus vor Blitzschlag, das Vieh im Stall vor Krankheit und die Menschen selbst vor Unglück geschützt haben, sind zu Asche geworden. Selbst diese Asche der geweihten Palmbuschen aber hat noch ihre segenspendende Kraft. Auf die Felder gestreut, bringt sie ihnen mehr Fruchtbarkeit als drei Tage Regen und drei Tage Sonnenschein, heißt es. Ganz besondere Kraft aber hat die Asche jener Palmbuschen, in die der Priester seinen Finger taucht, um den Menschen, den Narren, die wieder zu Gläubigen geworden sind, das Zeichen des Kreuzes auf die Stirn zu schreiben.

Auf Ostern zu!

Im zweiten Kapitel wird von vierzig Fastentagen und ihren kargen Mahlzeiten erzählt, von kostbaren Fastentüchern und Fastenkrippen, die nur noch selten anzutreffen sind, von den Schnepfensonntagen und von Lätare, an dem der Winter verjagt und der Sommer herbeigesungen wird.

Fastenzeit, Fastenspeise, Fastenkrippe, Fastentuch, fasten, fasten, fasten — vierzig vorgeschriebene Tage in der vorösterlichen Zeit. Der erste dieser vierzig Fastentage ist Aschermittwoch, zugleich einer der strengsten. Vermutlich fällt es einem ernsthaft Entschlossenen am wenigsten schwer, gerade diesen Fastentag einzuhalten nach der üppigen Fastnachtszeit, in der dem Magen viel zugemutet worden ist. Wer hat nicht immer wieder frohgemut nach den schmalzgebackenen Krapfen, Kringeln und Pfannkuchen gegriffen, nach Bratwurst, Blutwurst und allem Deftigen, Fetten, das eine gute Grundlage schaffen sollte, um die Karnevalszeit mit vollen Gläsern hochleben zu lassen. Vorüber, vorbei, Fastenzeit.

Die leeren Geldbeutel sind um Mitternacht am Brunnen gewaschen, die Fastnacht begraben worden. Bis zum nächsten Jahr kommen Narrenkostüme und Masken in den Schrank — Fastenzeit.

Neben Aschermittwoch ist Karfreitag der zweite strenge Fastentag. Dazwischen liegen jene vierzig Fastentage, um die es manchen Streit gegeben hat. Soll an den Sonntagen auch gefastet werden oder nicht? Diesem jahrhundertelangen Für und Wider wurde in Benevent im Jahre 1091 ein Ende bereitet mit dem Beschluß, die Sonntage während des vierzigtägigen Fastens nicht mitzuzählen.

Die Fastenzeit hat verschiedene Bedeutungen. Die wichtigste soll zuerst genannt sein. Sie soll an das Vorbild Jesu erinnern, der in die Wüste ging, um sich zu prüfen, so wie es der Evangelist Matthäus aufgeschrieben hat:

Dann wurde Jesus vom Geist in die Wüste geführt; dort

sollte er vom Teufel in Versuchung geführt werden. Als er vierzig Tage und vierzig Nächte gefastet hatte, bekam er Hunger. Da trat der Versucher an ihn heran und sagte: Wenn du Gottes Sohn bist, so befiehl, daß aus diesen Steinen Brot wird. Er aber antwortete: In der Schrift heißt es: Der Mensch lebt nicht nur von Brot, sondern von jedem Wort, das aus Gottes Mund kommt.
Mt 4, 1—4

Die zweite wichtige Bedeutung des Fastens ist, Buße zu tun, in sich zu gehen, sich vor Gott als Sünder zu bekennen, durch leibliches Darben eine geistige Reinigung zu erreichen. Nicht nur Ostern, allen hohen christlichen Festen geht eine Fastenzeit voraus, aber das Fasten vor Ostern war immer besonders wichtig.

Um den Gläubigen ihre Sündhaftigkeit deutlich zu machen, wurde in früherer Zeit der Altar verhängt. Es geschieht mancherorts auch heute noch. Diese Tücher, Symbole der Fastenzeit, sind wahre Kunstwerke und oft in Klöstern angefertigt worden. Sie werden Fastentücher genannt, Hungertücher oder drastisch Schmachtlappen. Dieses Wort soll ausgerechnet im strenggläubigen Westfalen aufgekommen sein, was mich wundert. Aber ganz einfach mag strenges Fasten nicht sein, vierzig Tage lang, in denen es nicht nur verboten ist, Fleisch zu sich zu nehmen, sondern auch Milch, Butter und Eier, und in denen die Hauptfastenspeise aus Brei bestand, der in Wasser gekocht war. Eines der berühmtesten Hungertücher aus dem Jahre 1623 wird im Berliner Museum aufbewahrt, es stammt aus Telgte in Westfalen. Das Hungertuch vom Hohen Münster zu Freiburg ist noch elf Jahre älter. Auch die Kathedrale von Paris und der Dom zu Trient besitzen Hungertücher. Darüber hinaus aber sind es die kleinen Kirchen in abgelegenen Dörfern, Bergdörfern vor allem, die Hungertücher besitzen, die nun wegen ihres Wertes in Museen aufbewahrt werden. Diese Fastentücher verhüllten den Altar bis in die Karwoche. Am Mittwoch vor Gründonnerstag wurden sie dann in dem Augenblick vom Altar weggezogen, in dem der Priester jene Worte aus der Passion sprach: Et velum

templi scissum est — Und der Vorhang des Tempels zerriß.
Ein anderer schöner Brauch, um die Gläubigen an die Fastenzeit zu erinnern, ist der, Fastenkrippen aufzustellen. Das
geschieht vor allem im Süden des deutschsprachigen Raumes,
in den Bergen, wo die Holzschnitzer zu Hause sind, in deren
Händen, mit Meißel und Messer, die Heiligenfiguren entstehen. Die Fastenkrippe entlehnt sich ihren Namen von
der Weihnachtskrippe, die viel volkstümlicher ist, viel tröst-
licher durch ihre Darstellung. Eine Fastenkrippe zeigt das
Passionsgeschehen mit dem Einzug Jesu in Jerusalem, das
letzte Abendmahl mit den Jüngern, die Gefangennahme, seine
Verurteilung, seinen Weg nach Golgatha, seine Kreuzigung,
seine Kreuzabnahme und Grablegung. Sie zeigt das leere
Grab und Christi Auferstehung. Und so wie das biblische
Geschehen fortschreitet, so werden in einer Fastenkrippe
von Sonntag zu Sonntag immer mehr Figuren aufgebaut, bis
schließlich am Ostersonntag die Auferstehung Christi zu be-
trachten ist.
Diese Krippen sollen aus den romanischen Ländern stammen.
In Spanien heißen sie Kalvarios. Sie können aus Holzfi-
guren bestehen, die zwischen den zweidimensionalen Häusern
Jerusalems aufgestellt werden. Es können aber auch auf
Papier gedruckte Figuren sein, die ausgeschnitten und auf
Pappe geklebt werden. Es gibt Fastenkrippen, die in kleinen
Kästchen Platz finden, und andere, die viele Quadratmeter
in einer Kirche beanspruchen.
Einer so großartig aufgestellten Fastenkrippe mögen jene
Figuren angehört haben, für die in der Pfarrkirche von
Schwaz in Tirol im Jahre 1654 Ausgaben aufgeführt sind, die
für „das Leiden Christi von Holz gemacht" zu bezahlen waren.
Wer sich, wie ich, der Faszination einer Weihnachtskrippe
nicht entziehen kann, muß es bedauern, daß die Aufstellung
von Fastenkrippen nicht weiter als bis in das südliche Bayern
vorgedrungen ist. Im Norden lebend weiß ich, wie schwer es
hierzulande schon die Weihnachtskrippen haben. Da aber die
Geburt des göttlichen Sohnes ihre hohe Bedeutung erst durch
seinen Opfertod und seine Auferstehung bekommt — was so
unfaßbar sein mag, wie es will —, wäre es gut, wenn man in

den Kirchen die bildliche Darstellung des Leidens betrachten könnte. Und wenn es nicht allein dem zwar gewaltigen, aber oft gehörten biblischen Text überlassen bliebe, die Menschen empfindsam und nachdenklich zu machen.

In allen Religionen gehören Fastenzeiten zur Vorbereitung auf Feste und Feiertage, und je höher das bevorstehende Fest ist, desto strenger wird das Fasten genommen. Bei den Naturvölkern fastet der Medizinmann, bevor er sich in Ekstase versetzt, um mit den Geistern in Verbindung zu treten.

In unserer Zeit hat das Wort Fasten den religiösen Hintergrund weitgehend eingebüßt. Viele Leute fasten freiwillig oder auf ärztlichen Rat. Gewiß ist, daß eine länger anhaltende Fastenzeit von jedem Fastenden starke Willenskraft erfordert, stärkere, je länger sie andauert. Aus diesem Grund mögen die fastenfreien Sonntage von der Kirche eingeführt worden sein, außerdem wurden vielfältigere Fastenspeisen erlaubt.

Aus dieser Zeit ist die Brezel zu nennen. Sie ist, obwohl sie schon während der Fastnachtszeit gegessen wird, ein ausgesprochenes Fastengericht. Brezeln werden nicht nur frisch gebacken verzehrt, sie werden auch als Brezelsuppe von alters her gegessen. Dazu müssen sie in heißem Wasser aufquellen, danach mit Buttersoße übergossen und mit geriebenem Käse und gerösteten Zwiebeln bestreut werden. Na gut, warum nicht. Aber jeden Tag Brezel oder Brezelsuppe? Kein Wunder, daß auf Auswege gesonnen wurde.

Der erste Ausweg waren die Küchl, die man nicht unbedingt in Schmalz backen mußte, das nicht erlaubt war, sondern in Fastenöl, wie Leinöl oder Rapsöl hieß. Im Küchenzettel eines Stiftes tauchten für die Morgenmahlzeit abwechselnd Erbsensuppe oder Brezelsuppe auf. Zu Mittag Kraut mit anderthalb Heringen oder mit Stockfisch und danach Feigenmus oder Zwetschkenmus. Am Abend dann Suppe oder Salat, danach Nudeln und Obst, letzteres gedörrt oder grün. Erbsensuppe, Stockfisch, Hering, Kraut — vierzig Tage lang. Ich möchte wissen, was die Knaben, die in diesem Stift unterrichtet wurden, zu diesen Fastenspeisen gesagt haben.

Dabei soll daran erinnert werden, daß der Küchenzettel unserer Vorväter insgesamt viel dürftiger, viel magerer gewesen ist, als wir es uns mit noch so viel Phantasie vorstellen können. Wer heute fasten will, findet auch in der kalten Jahreszeit ein Angebot an Gemüse, wie es noch zu keiner Zeit eines gegeben hat, so daß Fleisch durchaus vierzig Tage lang entbehrlich wird. Zudem ist Fisch, täglich zu kaufen, seit langem eine beliebte Fastenspeise. Darüber hinaus sind Eier mit Maßen erlaubt, und so braucht sich niemand große Entbehrungen aufzuerlegen, wenn es ihm ernst mit dem vierzigtägigen Fasten ist.

Inzwischen rückt nicht nur Ostern, sondern auch der Frühling näher. Von den noch in die Fastnachtszeit gehörenden Sonntagen Estomihi und Invokavit war schon die Rede. Jetzt aber kommen jene Sonntage, deren Namen ich als Kind begeistert gelernt habe. Sie werden die Schnepfensonntage genannt und machen die Jäger mobil: Die Schnepfenjagd beginnt.

Reminiszere – putzt die Gewehre!
Okuli – da kommen sie!
Lätare – da ist's das Wahre!
Judika – sind sie auch noch da!
Palmarum – tralarum!
Quasimodogeniti – halt, Jäger, halt, jetzt brüten sie!

Vielerorts sind auch die Schnepfen der Fastenkost zugerechnet worden, aber darüber habe ich mir wenig Gedanken gemacht. Für mich, für uns Kinder, war der Sonntag Lätare der wichtige. Er wird auch Mittfasten genannt und ist der dritte Sonntag vor dem Osterfest. Er heißt Sommersonntag, und so wird er auch gefeiert. Meine Mutter oder unsere alte Kinderfrau machten uns am Abend vorher die Sommerstecken zurecht: Den Stock mit bunten Bändern umwunden, an dem oben ein großer Strauß aus künstlichen Blumen steckte, Buchsbaum und wiederum bunten Bändern. Damit wollten wir von Haus zu Haus ziehen, den Winter vertreiben und den Sommer einsingen. Es war ein einfacher Heischebrauch, der mit Gebäck, Eiern und Bonbons belohnt wurde. Der Sommersonntag wird andernorts viel aufwendiger gefeiert.

In Heidelberg zum Beispiel, wo vor den vielen Kindern, die mit Sommerstöcken durch die Straßen ziehen, zwei große Gestalten einhergehen, die eine dick mit Stroh vermummt, die andere mit grünen Zweigen. Die eine stellt den Sommer dar, die andere den Winter.

Strie, stra, stroh, der Sommertag ist do,
der Sommer und der Winter, das sind Geschwisterkinder.

Ja, sie sind eng verwandt miteinander. Ich erinnere mich, wie oft wir die hohen Schuhe anziehen mußten, weil in der Nacht tüchtig Schnee gefallen war. Und doch haben wir uns nie davon abhalten lassen, in kleinen Gruppen, so wie wir miteinander spielten, am Sonntag Lätare in aller Frühe loszuziehen.

Summer, Summer, Summer, ich bin a kleener Pummer,
lust mich nie zu lange stiehn,
ich will a Häusel wettergiehn.

Nachdem wir mit einer Gabe bedacht worden waren, sangen wir: *Tud aus, Tud aus, treibt a Tud zum Durfe 'naus.* Oder: *Die goldene Schnure geht ums Haus, die schöne Frau Wirtin geht ein und aus, sie wird sich wohl bedenken und uns was Schönes schenken.*
Meistens bedachte sie sich ja, und wenn sie sich nicht selber bedachte, dann kam jemand der zur Familie gehörte. Wehe aber, es kam niemand, dann wurde lauthals gesungen: *Hienermist und Taubenmist, ei dam Hause kriegt man nischt.*
Schön war das Lied vom Rotgewand und den grünen Linden, die wir suchen wollten, denn der Winter, *dar ahle grämliche Jerge,* verzog sich nicht so leicht in die Berge.
Aber die Schneeglöckchen im Garten und die ersten Schlüsselblumen auf den Wiesen waren da. Ich habe erst viel später erfahren, daß die Schlüsselblumen auch Fastenblumen genannt werden. Somit ist die Fastenzeit wieder gegenwärtig. Je länger sie dauerte, desto sehnlicher wurde ihr Ende herbeigewünscht. Inzwischen hatte schon auf dem Lande die Feldarbeit angefangen, und ohne die sättigenden Sonntage wäre es auch dem gutwilligsten Christen kaum möglich gewesen, das Fastengesetz nicht zu übertreten.

Seit dem Jahre 1966 ist die Fastenzeit auf den Aschermittwoch und den Karfreitag beschränkt. Wieweit kann man ein religiöses Gesetz verändern, ohne daß die Bedeutung verlorengeht? Läßt es die christliche Lehre von Liebe und Verzeihen zu, daß eine solche Veränderung vorgenommen wird?

Der Zufall wollte es, daß ich am letzten Fastentag über einen marokkanischen Markt ging, es war der letzte Fastentag nach muselmanischem Glauben. Überall in den Gassen wurden Hähne zum Kauf angeboten. Es war der 27. Ramadan, in der Abenddämmerung würde die Fastenzeit zu Ende gehen. Sie sollte mit dem Opfer eines Hahnes abgeschlossen werden. Deshalb die vielen Hähne. Noch krähten sie, noch sahen sie mit ihren gelben Augen auf die braunen Hände, die sich ihnen aus den Kaftanärmeln entgegenstreckten, um sie zu taxieren, zu befühlen. Es war nicht Zeit genug, dem ausführlichen Handeln zuzusehen, doch sie reichte, um einen Jungen zu entdecken, der auf der Stufe eines Hauseingangs saß, braunhäutig wie die anderen, mit Käppchen und Kaftan angetan. Er hatte keinen Hahn anzubieten, auch kein anderes Geflügel. Er hatte ein schwarzweißgeflecktes Kaninchen mitgebracht, sich damit auf die Stufen eines zurückliegenden Hauseinganges gesetzt, wo es dämmrig war. Wer nicht darauf achtete, sah das Kaninchen nicht, es lag hinter seinen nackten Füßen. Er streichelte es, streichelte, streichelte. Das Kaninchen lag ruhig, und ich dachte, es kennt die Hände, vielleicht haben sie es von klein auf gestreichelt, und ich dachte weiter, welches Familiengesetz, welches religiöse Gebot mag den Jungen veranlaßt haben, am 27. Ramadan das Kaninchen als Fastenopfer anzubieten. Es waren ja Hähne gefragt. Trotz der kurzen Zeit konnte ich beobachten, wie er die Füße näher aneinanderrückte, so daß von dem Kaninchen immer weniger zu sehen war.

Im Weitergehen wurde mir bewußt, mitten im Gewühl dieses marokkanischen Marktes, wie viel es mir bedeutete, in den Kulturkreis der christlichen Religion zu gehören.

Vom Narrenmond zum Knospenmonat

Im dritten Kapitel
ist von bäuerlichen Wetterregeln
die Rede, beginnend mit
Maria Lichtmeß am 2. Februar
bis zur Walpurgisnacht am 30. April,
und von einem Papst, der
den Kalender neu ordnete und
damit den Bauern die Wetterregeln durcheinanderbrachte.

Der Monat Februar, auch Hornung, Taumonat oder Narrenmond genannt, soll mit folgender Wetterregel vorgestellt werden:

Der Februar hat seine Mucken,
baut von Eis oft feste Brucken.

Gleichzeitig beginnt mit dem 2. Februar, an Maria Lichtmeß, die Vorfrühlingszeit. Maria Lichtmeß ist ja in vieler Hinsicht ein wichtiger Lostag. *Wenn der Bär zu Lichtmeß seinen Schatten sieht, so kriecht er wieder sechs Wochen in seine Höhle.* Die Bauern in Holstein meinen:

Lichtmessen hell, schind' den Buren dat Fell,
Lichtmessen dunkel, magd den Buren tom Junker.

Es soll also um Himmels willen zu Lichtmeß die Sonne nicht scheinen. Wie ernst es die Landleute früherer Tage damit genommen haben, ist am besten an folgendem Spruch zu erkennen:

Lieber sein Weib auf der Bahr,
als zu Lichtmeß hell und klar.

Wenn irgend möglich, soll es die ganze Woche, in die Lichtmeß fällt, dunkel, stürmisch und kalt sein.

Sonnt sich der Dachs in der Lichtmeßwoche,
bleibt er vier Wochen wieder im Loche.

Das heißt nichts anderes, als daß es ein spätes Frühjahr gibt. Nein, lieber soll ein grimmiger Wolf zum Fenster hereinsehen und gegen die Stalltür rennen. Diesen Wolf, mit dem stürmisches, kaltes Winterwetter gemeint ist, kenne ich aus

meiner Kinderzeit. Ich höre meinen Vater bis heute sagen: „Ist das heut wieder ein Wolf draußen", wenn er im dicken Pelz, den Fußsack über dem Arm, durch die Haustür kam. Andererseits, und vielleicht ist darin eine Beschwörungsformel zu sehen, gehen die Imker in Baden auch bei schlimmstem Winterwetter zu ihren Bienenkörben, klopfen daran und rufen: „Freut euch, Bienle, Lichtmeß ist da!"
Vorfrühling also.

> *Lichtmeß – spinn'n vergeß,*
> *bei Tag zu Nacht es,*
> *Rädle hinter die Tür,*
> *die Hacke herfür.*

Dieser Spruch stammt auch aus Baden, und dort mag das Frühjahr zeitiger kommen als bei uns in der norddeutschen Tiefebene. Mit dem Rädle ist das Spinnrad gemeint, das beiseite gestellt wird, weil die Abende vorüber sind, an denen die Leute reihum zusammengesessen haben. Ans Spinnen kann ich mich aus meiner Kinderzeit nicht mehr erinnern, wohl aber ans Federnschleißen, bei elektrischem Licht, versteht sich, auch dazu traf man sich reihum. Und ich möchte noch in der Erinnerung die Luft anhalten, wenn ich mich dem Tisch näherte, um den die Federnschleißerinnen saßen und auf dem der Berg aus Gänsefedern höher und höher wurde. Anfang Februar hat das Tageslicht schon ordentlich zugenommen:

> *Weihnacht um an Muckenschritt,*
> *Neujahr um an Hahnentritt,*
> *Dreikönig um an Hirschensprung,*
> *Lichtmeß um a ganze Stund.*

Und deshalb ist es möglich, sich zum Abendbrot ohne Beleuchtung an den Tisch zu setzen. Wenn dieser 2. Februar so ein wichtiger Lostag ist, dann soll auch davon die Rede sein, warum. Nach altem jüdischen Glauben ging jede Mutter, die ein Kind bekommen hatte, vierzig Tage nach der Geburt in den Tempel, um sich zu reinigen. Und so tat es auch Maria, die im Stall zu Bethlehem das Jesuskind geboren hatte. Zum

Gedenken an diesen Reinigungsgottesdienst wird bis zum heutigen Tag Maria Lichtmeß gefeiert, und in der katholischen Kirche werden die Kerzen geweiht, alle Kerzen, die das Jahr über gebraucht werden oder gebraucht werden könnten: Hauskerzen, Wetterkerzen, Sterbekerzen. Die Wetterkerzen werden bei heraufziehendem Unwetter brennend ins Fenster gestellt, die Sterbekerzen werden angezündet, wenn es auf die letzte Stunde zu geht, und nicht selten dem Sterbenden in die Hand gedrückt. Und die Hauskerzen? Es gibt das Jahr über immer wieder genug Bedrängnis, in der Familie, in Haus und Hof, um sie anzuzünden.

Lichtmeß ist in früherer Zeit auch jener Tag gewesen, an dem die Handwerksgesellen wieder ihren Wanderstab nahmen und dem Meister, dem sie eine Zeitlang gedient hatten, Lebewohl sagten. Ebenso wechselten auch die Dienstleut' an Lichtmeß ihren Arbeitsplatz. Man „vermietete sich", wie das früher hieß, von St. Agatha am 5. Februar bis Lichtmeß im Jahr darauf. Erst an Lichtmeß gab es den für die ganze Zeit vereinbarten Lohn. Das war nicht nur Geld, es war auch Leinen für Hemden und Schürzen, es waren Stiefel und Schuhe, Semmeln und Kuchen und noch manch anderes, je nach dem, wie es abgemacht gewesen war. Dann kamen drei freie Tage, in denen die Dienstleut' ihre Angehörigen wiedersehen wollten oder es sich einfach im Wirtshaus gutgehen ließen. Lichtmeß also, am 2. Februar.

Doch der Februar ist lang, auch wenn es der kürzeste Monat ist mit seinen achtundzwanzig Tagen; es sei denn, daß er im Schaltjahr liegt, das deshalb so heißt, weil dem Februar ein Tag dazugeschaltet wird.

Februar ist der Hauptschneemonat, sagt ein altes Wetterorakel, und ich kann das bestätigen. Ich habe die Schneekatastrophe im Jahre 1979 miterlebt, die damals über Norddeutschland gekommen ist. Obwohl sie nach dem 6. Februar kam, von dem man sagt:

Die heilige Dorothee
bringt erst den meisten Schnee.

Der Februar muß seine Pflicht tun, heißt es, und in manchen

Jahren nimmt er es nicht nur genau damit, er benimmt sich vor Kälte wie ein Kraftprotz.

Der schlimmste Monat im ganzen Jahr,
noch meist der kleine Hornung war.

Das trifft immer wieder einmal zu. Ich bin nicht der Meinung, daß es besser ist, im Februar lieber zu frieren, als draußen im Sonnenschein zu spazieren. Eine russische Wetterregel sagt:

In einem schneelosen Winter friert auch der Apfelbaum.

Das ist gewiß, nur muß denn der Schnee gleich in Massen kommen?

Im Februar müssen die Stürme fackeln,
daß dem Ochsen die Hörner wackeln.

Da kann ich nur tief Luft holen. Für uns, die wir im Norden daheim sind, wachsen sich diese Februarstürme nicht selten zu Sturmfluten aus, wie die Chroniken beweisen. Die letzte schwere, die vom 16. bis 17. Februar 1962 dauerte, habe ich auch erlebt.

Mit diesem Datum sind wir schon über die Mitte des *kord Maandeken* hinaus, wie die Flamen den Februar nennen.

In diesen Tagen spielt sich zumeist die Fastnacht ab, die am Aschermittwoch zu Ende ist. Am Aschermittwoch soll das Wetter schön sein, dann gibt es auch einen warmen Sommer. Wenn es aber Aschermittwoch regnet, vertrocknet die Brennessel hinter dem Zaun, und die Brennessel ist weiß Gott ein Kraut das trockenes Wetter vertragen kann.

Am 22. Februar ist St. Peter, so genannt zum Angedenken an den Apostel Petrus, der an diesem Tag als erster Papst in Rom inthronisiert wurde. Kein Wunder, daß an einen so wichtigen Tag auch eine Wetterregel gebunden ist:

Wenn es friert zu St. Petri, friert es noch vierzigmal.

Andererseits heißt es aber auch:

Friert es an St. Peter,
gefriert es nicht mehr später.

Es hat also ein jeder die Auswahl, welcher von beiden Wetterregeln er mehr vertraut. Das wird nicht zuletzt vom geographischen Standort abhängen und ist auch der Grund, weshalb so unterschiedliche Wetterregeln zustandegekommen sind.
Zwei Tage später, an St. Matthias, heißt es:

> *Nach Matthais*
> *geht kein Fuchs mehr übers Eis.*

Und auf den Instinkt des Fuchses ist Verlaß. In Südtirol werden die schweren Langholzstämme nicht mehr über den bequemen Weg des zugefrorenen Dürrholzer Sees gefahren, sobald sich keine Fuchsspuren mehr finden.
Mit dieser hoffnungsvollen Wetterregel, die Tauwetter verheißt und schon eine Frühlingsahnung enthält, mag der Februar ausklingen, selbst wenn es nicht unwichtig ist, noch auf den letzten Tag des Monats zu achten:

> *St. Roman hell und klar,*
> *bedeutet ein gutes Jahr.*

Frühlingsmonat, Lenzing, März. Da mag es die Tage und Wochen vorher geschneit, gestürmt und gefroren haben, da mag noch manches Hagelwetter, manches Schneegestöber kommen, der Frühling steht vor der Tür!

> *Wenn im März viel Nebel fallen,*
> *im Sommer viel Gewitter schallen.*

Gerade die Nebel sind es aber, die besonders beachtet werden müssen. Ein Bauernkalender rät, sie sich aufzuschreiben, denn:

> *Regnet es den Nebel nicht binnen drei Tagen herunter,*
> *dann bleibt er so lange, wie ein Schwein trägt.*

Und das sind immerhin achtzehn Wochen und neun Tage. Dann aber kommt er auf diesen Tag mit einem Wetter herunter. Wenn dieses Wetter gnädig ist, mag es ja gehen, nicht selten schneit und stürmt es aber noch einmal richtig. Dafür gibt es dann allerdings den Trost:

> *Schnee, der erst im Märzen weht,*
> *abends kommt und morgens geht.*

Das stimmt zwar auch nicht immer, aber auf jeden Fall soll es schlimmer sein, wenn der Nebel mit einem Gewitter herunterkommt.

Wenn's donnert über dem entlaubten Baum,
wirst stets nur wenig Obst du schau'n.

Du liebe Zeit, wer denkt denn im März an die Obsternte, wenn sich im Garten gerade die ersten Schneeglöckchen zeigen und die Krokusse ihre Spitzen hervorschieben. Da mag es um Kunigunde, am 3. März, oder an Cyprian, am 8. März, noch einmal so kalt werden, daß man dicke Handschuhe braucht, gemach, gemach, der Frühling naht.

Eine seltsame Unruhe kommt über die Menschen. Sie hat nichts Närrisches an sich, sie sitzt tiefer. Frühjahrskuren werden angeboten, allerlei Säfte sind zu trinken, um den Körper von allen Schlacken zu reinigen, die sich den Winter über durch träges Leben angesammelt haben.

Deshalb soll der Mensch das Wassertrinken meiden, wie es in einem alten Buch heißt, um die eigene Feuchtigkeit auszutreiben. Ich kann mir denken, daß viele dieser Reinigungskur gern nachgekommen sind. Schließlich gab es zu allen Zeiten guten Wein.

Auch soll ein Bad am Vorabend des ersten Freitags im März ein ganz vorzügliches Schönheitsmittel sein — und so preiswert, wenn man bedenkt, was die kleinen Dosen und Tuben kosten, die gegen Falten und Runzeln helfen sollen.

Jetzt kommen auch die ersten warmen Tage, immer so gegen die Mitte des Monats, wirkliche Frühlingstage, und sie gaukeln einem bereits den Sommer vor.

Verführt von solchen warmen Tagen, treibt es den Igel aus dem Winterschlaf. Jetzt gibt es Märzenferkel, Märzenkälber, Märzenkätzchen und Märzenbier, aber eine Schwalbe macht noch keinen Sommer.

Wer kennt die Redensart nicht, und wer kennt die Fabel nicht, die von dem griechischen Jüngling erzählt, der sein Hab und Gut verpraßte und schließlich, als er die erste Schwalbe sah, auch noch seinen Mantel verkaufte. Sommer, dachte er, Wärme! Was kann mir noch geschehen. Aber die eine Schwalbe hatte

den Sommer nicht gebracht. Sie erfror, als noch einmal große Kälte kam. Und der frierende Jüngling sah sich von ihr betrogen und rief dem toten Vogel viele Verwünschungen nach.

Äsop hat diese Fabel aufgeschrieben, und Aristoteles hat sie uns nicht nur überliefert, er hat auch die Lehre daraus gezogen: Eine Schwalbe macht noch keinen Sommer.

Am 12. März ist St. Gregor:

> *Wenn Gregorius sich stellt,*
> *muß der Bauer in das Feld.*

Es ist soweit, die Frühjahrsarbeit beginnt.

Ein Papst gleichen Namens, Gregor XIII., ordnete im Jahre 1582 den Kalender neu, weil nach dem Julianischen Kalender, der seit sechshundert Jahren galt, die Wochen und Monate hinten und vorn nicht mehr stimmten. Es bleiben nämlich in jedem Jahr 11 Minuten, 9 Sekunden und 6 Zehntelsekunden übrig. Das hört sich nach einer Lappalie an, hatte sich aber bis zum Jahre 1582 auf zwölfeinhalb Tage zusammengeläppert. Also verordnete Papst Gregor in einer Bulle, daß in diesem Jahr dem 4. Oktober nicht der 5., sondern sofort der 15. zu folgen habe. Damit stimmten zwar Frühling-, Sommer-, Herbst- und Winteranfang wieder, aber die Bauern kamen mit ihren Wetterregeln ins Gedränge.

> *O Bapst was hastu angericht*
> *mit deinem heillosen Gedicht,*
> *das du verkehrt hast die Zeit,*
> *dadurch irr gemacht vns arme Leut,*
> *das wir nun mehr kein wissen haben,*
> *wenn man soll pflanzen, seen, graben.*
> *Haben vns gericht inn das Jar.*
> *Nach vnser Bawren Regel zwar.*
> *Das will jetzunder nimmer sein,*
> *vrsach weil du mit falschem Schein*
> *hast gemacht ein Newen Kolender,*
> *vnseres alten ein großer Schender.*

So schimpften die Bauern. Nach dem alten Kalender war Frühlingsanfang am 12. März, nach dem neuen aber erst am 21. Auch damit lassen sich viele Unstimmigkeiten in den Wetterregeln erklären.

Am 17. März ist St. Gertrud:

> *Es führt St. Gertrud die Kuh zum Kraut,*
> *die Bienen zum Flug*
> *und die Pferde zum Zug.*

St. Gertrud wird von vielen Bedrückten angerufen, von Armen, Witwen und Gefangenen. Vor allem aber hält es der Gärtner mit dem 17. März.

> *Gertrude nutzt dem Gärtner fein,*
> *wenn sie sich zeigt mit Sonnenschein.*

Leider tut sie es selten, aber zwei Tage später, am 19. März, ist ja schon St. Josef. Dieser Tag ist dem Vater des Herrn Jesus geweiht, dem frommen Zimmermann aus Nazareth.

> *St. Josef macht oft behende dem Winter ein Ende*

heißt es, oder:

> *Ein schöner Josefitag*
> *das ganze Jahr gut werden mag.*

In allen Wetterregeln ist nichts Nachteiliges für St. Josef verzeichnet, und das hat der gottesfürchtige Mann auch verdient. Wieder zwei Tage später, am 21. März, nimmt der Frühling seinen Anfang. An diesem Tag sind Tag und Nacht gleich lang, was auf lateinisch das Äquinoktium heißt und sonst schlicht die Tagundnachtgleiche. Jetzt ist er also da, der Frühling. Die Haselkätzchen sprießen, die Birken treiben aus; ein, zwei warme Tage, und die Veilchen und Himmelschlüssel blühen auf. Die Vögel haben längst ihre Nester gebaut, sie sind zu hören, sobald der Tag beginnt.

Am 21. März ist auch St. Benedikt. Da heißt es dann wieder ganz drastisch in all das Frühlingsgejubel hinein:

> *Willst Gerste, Erbsen, Zwiebeln dick,*
> *so sä' sie an St. Benedikt.*

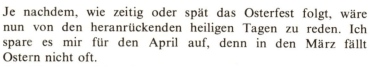

Je nachdem, wie zeitig oder spät das Osterfest folgt, wäre nun von den heranrückenden heiligen Tagen zu reden. Ich spare es mir für den April auf, denn in den März fällt Ostern nicht oft.
Am 25. ist, welcher Protestant denkt daran, Maria Verkündigung. Daß Maria am 24. Dezember das Kind im Stall zu Bethlehem geboren hat, weiß jeder, ob er Weihnachten feiert oder nicht. Daß dieser fünfzehnjährigen Maria am 25. März der Engel Gabriel erschien — „Gegrüßt seist du, Maria!" — und ihr das Kind verhieß, den Sohn Gottes, wer erinnert sich am 25. März daran?

Ist Maria Verkündigung schön und rein,
soll das ganze Jahr fruchtbar sein.

Hat's in Mariennacht gefroren,
so werden noch vierzig Fröste geboren.

Manchmal stimmt's, meistens nicht, Gott sei Dank.
Die Wetterbeobachtungen blieben den Leuten am sichersten im Gedächtnis, wenn sie mit den christlichen Gedenktagen in Verbindung zu bringen waren.
Wenn der Wetterkundige am Ende des Monats die Notizen noch einmal liest, die er in den Märztagen gemacht hat, so kann er sie mit den allgemein gültigen Wetterregeln vergleichen und seine Schlüsse auf das Jahr ziehen.

Märzenschnee tut den Saaten weh.

So viel Tau im März,
so viel Reif um Pfingsten.

Läßt der März sich trocken an,
bringt er Brot für jedermann.

Und so reicht der Frühlingsmonat März, der Lenzing, ohne daß man es sich recht bewußt macht, dem April die Hand, dem Knospenmonat, Keimmonat, Ostermond, und stellt ihn gleich mit einem Narrentag vor: dem 1. April. Haben die Narren der Fastnachtszeit doch noch nicht so schnell aufgegeben?

Am 1. April
schickt man den Narren, wohin man will.

Oder ist der 1. April deshalb ein Narrentag, weil der ganze Monat die Leute mit dem Wetter zum Narren hält?

Aprilwetter und Weibertreu,
das ist immer einerlei.

Aprilwetter und Kartenglück,
wechseln jeden Augenblick.

Trotzdem, sein Sonnenschein ist so wichtig wie sein Regen, die Sonne zum Wachsen, der Regen zum Keimen. Denn schon im Märzen hat der Bauer Getreide gesät, auch wenn er dazu nicht mehr die Rößlein einspannt, sondern den Traktor nimmt.

Verstecken sich die Krähen im Korn,
ist das Jahr des Glückes Born.

Selbst wenn damit das Wintergetreide gemeint ist, gilt:

April, dein Segen heißt Sonne und Regen,
nur den Hagel häng an den Nagel.

Donnern darf es allerdings, denn:

Wenn der April Spektakel macht,
gibt's Korn und Heu in voller Pracht.

Selbst der Schnee im April soll mehr düngen als Schafmist. Da nimmt es der Landmann gerne hin, wenn dieser Monat den Zaunpflöcken weiße Hüte aufsetzt. Außerdem ist in Hof, Garten und Park jeden Tag Neues zu beobachten. Die Beerensträucher treiben aus, die Knospen an den Obstbäumen werden dick, und die Laubbäume stehen da, mit grünen Schleiern behangen. Und zu aller Freude sind auch die Zugvögel wieder zurückgekehrt.

Wenn die ersten Stare gesichtet werden, ist es auch heute noch eine Zeitungsmeldung wert, von den sehnlich erwarteten Störchen gar nicht zu reden. In den Apriltagen werden die Storchennester nicht aus den Augen gelassen, sorgenvoll, weil es immer weniger Störche gibt, was wir selbst gedankenlos verschulden.

Zu allen Zeiten ist mit der Heimkehr der Störche eine große Freude verbunden gewesen. In manchen Gegenden werden sie Frühlingsherolde genannt, und noch vor zweihundert Jahren war den Türmern über den Stadttoren angewiesen worden, nach ihnen Ausschau zu halten und ihre Ankunft mit Trompetengeschmetter zu verkünden. Dafür bekamen die Türmer im Ratskeller dann einen Ehrentrunk.

Der Storch kehrt zurück und bringt Versperbrot, sagen die Landleute, das bedeutet, jetzt wird die Arbeitszeit wieder länger.

Wenn die Störche Eier aus dem Nest fegen,
gibt's ein Jahr mit viel Regen

heißt es auch, oder:

Wirft der Storch aus dem Nest eins von der jungen Schar,
gibt's ein trocknes Jahr.

Können die vielverehrten Störche das wirklich tun?
Sie können, und es hängt vom Wetter ab, je nachdem, ob es viele Frösche, Schlangen, Mäuse und Fische gibt. Das haben neueste Beobachtungen ergeben. Unsere Altvordern wußten das bereits seit vielen hundert Jahren.

Inzwischen sind auch die Lerchen da und die Schwalben bereits beim Brüten. Der einzige, der noch fehlt, ist der Kuckuck. Er kommt aber erst, wenn er sich im Junglaub der Bäume verstecken kann, weshalb sein Eintreffen von der warmen Witterung abhängig ist, obwohl es heißt, daß der April sein Monat sei. Und obwohl jeder weiß, was für ein unmögliches Benehmen er an sich hat, wenn es um das Brutgeschäft geht, gibt es niemanden, der sich nicht freut, wenn er seinen Ruf hört. Jetzt ist wirklich Frühling.

Ein Kuckuck, der um Mittag viel schreit,
ein Storch, der viel klappert,
und die wilden Gänse, die sich sehen lassen,
verkünden einen warmen Frühling.

Wenn der Kuckuck schreit,
ist es zu allem hohe Zeit.

Also ran an die Arbeit. Auch soll man sich merken, wann er schreit. In manchen Gegenden heißt es:

Ein früher Kuckuck bringt ein gutes Jahr.

Und:

Der Kuckuck verkündet teure Zeit,
wenn er nach Johannes schreit.

Und wer hat noch nicht beim ersten Kuckucksruf gefragt: „Kuckuck, wie lange lebe ich noch?" So viele Male der Vogel antwortet, so viele Jahre sollen es dann noch werden.
Das Osterfest fällt in den meisten Jahren in den April, und auch dabei gibt es einige Wetterregeln zu beachten. Zuerst wäre Palmarum zu nennen, der letzte Sonntag vor Ostern.

Palmsonntag klar, ein fruchtbar Jahr.

Für den Gründonnerstag heißt es:

Ist der grüne Donnerstag weiß,
wird der Sommer sicher heiß.

Am Karfreitag, auch der *Stille Freitag* genannt, ist zu beachten:

Wenn's unserem Herrgott ins Grab regnet,
vergibt das ganze Jahr keinen Regen nicht.

Für die Osterfeiertage habe ich bis jetzt keine Wetterregeln feststellen können. Es mag daran liegen, daß Ostern ein bewegliches Fest ist. Dennoch sollen einige Wetterregeln genannt sein, die ganz unabhängig von Ostern in jedem Jahr beachtet werden können.
Für den 3. April heißt es:

> *Bringt Rosamunde Sturm und Wind,*
> *so ist Sybille uns gelind.*

Der Sybillentag ist der 29. April. St. Tiburtius fällt auf den 14. April. Von ihm heißt es:

> *Tiburtius kommt mit Sang und Schall,*
> *er bringt den Kuckuck und die Nachtigall.*

Ein besonders wichtiger Lostag ist St. Georg am 24. April. Wer kennt St. Georg nicht? Wer ist nicht schon einmal hingerissen gewesen von der Darstellung seines mutigen Kampfes mit dem teuflischen Drachen?

> *Auf St. Georgens Güte*
> *stehn alle Bäum' in Blüte.*

Nicht selten aber kommt St. Georg noch auf einem Schimmel geritten, was Schnee bedeutet. Im Süden sagen die Bauern:

> *Hohes Korn zu St. Girgen*
> *wird Gutes verbirgen.*

Und dann heißt es auch:

> *Solange die Buchen vor oder nach Georgi grün werden,*
> *solange vor oder nach Jacobi beginnt die Ernte.*

Und dann hat der April noch zu guter Letzt eine Überraschung bereit: die Walpurgisnacht. Hexentreffen, Tanz auf dem Blocksberg, Ritt auf Besen und Ziegenböcken, verkehrt herum.

45

Für diese Nacht bitten alle um Regen, denn erst dann gibt es ein gutes Jahr. Vielleicht ist aber auch damit die Hoffnung verbunden, daß es den Hexen den Tanz verregnet, weil sie auf dem Blocksberg auch alles Böse aushecken für das nächste Jahr. Walpurgisnacht! Wenn das kein Abschluß für den verrückten Monat April ist, dann weiß ich nicht.

Passah ist das jüdische Osterfest. Es stimmt nicht mit dem Datum des christlichen Osterfestes überein, das im Gegensatz zum jüdischen Passah immer auf einen Sonntag fällt. Passah dagegen beginnt, wie es Gott selbst seinem Diener Mose geboten hat, am Abend des 14. Nisan. Nisan ist nach dem jüdischen Kalender der erste der zwölf Monate des Jahres, der Frühlingsmonat, er fällt in die Zeit von März und April.

Frühlingszeit also, Zeit des Weidewechsels bei den Völkern, die als Hirten, als Nomaden leben seit unvorstellbar weit zurückliegender Zeit. Wer ist in der Lage, sich ein solches Leben vorzustellen, wie es auch heute noch gelebt wird? Die Bibel erzählt davon, aber wer sieht die Wirklichkeit hinter den alten Berichten? Wer kann sich die braun gewordenen Weideflächen des Winters vorstellen, die sich an den Hängen hinaufziehen, die dürr gewordenen Sträucher und Dornenbüsche, die Weite der Steppe mit ihrer sonnendurchglühten Helligkeit am Tag, ihrer starrend kalten, nächtlichen Finsternis? In unseren Breiten weidet der Schäfer seine Herde auf Dämmen und Deichen, oder er zieht mit ihr über die Heide. Wer kann sich hierzulande vorstellen, wie das Leben einmal angefangen hat mit Herden und Hirten? Als die Zeit der Jäger zu Ende ging, begann die Zeit der Besitzenden. Eine Herde aus Schafen, Ziegen, vielleicht sogar aus Rindern bedeutete Reichtum, aber diese Herde war nur soviel wert wie die Hirten, denen sie anvertraut war. Hirten, die Wege und Weidegründe kannten und die Wasserlöcher vor allem, Hirten, die nach jedem Tier suchten, das sich verlaufen hatte, und die bereit waren, ein neugeborenes Lamm auf ihren Schultern zu tragen, wenn die Herde im Frühjahr den Weideplatz wechselte. Diese Hirten versäumten es nie, vor dem Weidewechsel ein Tier zu schlachten, um es den Göttern zu opfern, und mit dem Blut die Zeltpfosten zu bestreichen, um sich selbst und die Herde vor Dämonen zu schützen.

In biblischer Zeit waren die Söhne eines Mannes zumeist seine Hirten, und ein angesehener Mann hatte auch viele Söhne. Das ist eindrucksvoll nachzulesen in der Geschichte des gottesfürchtigen Mannes Jakob, 1. Mose 37, der sich im Lande Kanaan niedergelassen hatte. Seine Söhne waren gute Hirten, aber auch Menschen, die Neid und Mißgunst empfanden. Vor allem gegenüber ihrem jüngeren Bruder Josef, den ihr Vater von ganzem Herzen liebte. Dieser ließ Josef einen Rock mit Ärmeln schneidern, so kostbar, wie ihn keiner seiner zehn Brüder hatte. Und Josef brauchte auch nicht immer draußen bei den Herden zu sein. Schlimmer noch war, daß Josef den Brüdern seine Träume erzählte, wenn er einmal zu ihnen auf die Weide kam. Josef träumte, daß ihm einst große Macht und hohes Ansehen zuteil werden würde, und der Haß seiner Brüder wuchs.

Als ihn sein Vater eines Tages wieder einmal zu den Herden schickte, um nach dem Rechten zu sehen, war das Maß voll. Die Brüder warfen Josef in eine trockene Zisterne und verkauften ihn schließlich an Kaufleute, die vorüberkamen und nach Ägypten wollten. So wurde er ein Sklave. Seinen kostbaren Rock aber tränkten die Brüder mit dem Blut eines Schafes und ließen ihn ihrem Vater Jakob bringen. Jakob zerriß seine Kleider vor Gram, wie es damals üblich war, überzeugt davon, daß ein wildes Tier seinen geliebten Sohn zerfleischt hätte.

Josef aber kam in Ägypten im Laufe der Zeit bis an den Hof des Pharao. Klug und besonnen, wie er war, brachte er es zu den höchsten Würden, und Ägypten blühte auf unter seiner weisen und gerechten Herrschaft. Er prophezeite dem Land sieben fette und sieben magere Jahre. Beides trat ein. Da er in den sieben fetten Jahren gut gewirtschaftet hatte, brauchte in Ägypten niemand zu hungern, als die mageren Jahre kamen. In diesen mageren Jahren schickten die hungernden Israeliten einige Abgesandte nach Ägypten, wo es hieß, daß noch Brotgetreide vorhanden sein sollte. Und der alleinige Gott fügte es, daß es Josefs Brüder waren, die nach Ägypten kamen und um Korn baten. Josef hatte seine Brüder bald erkannt. Er prüfte sie, bevor er sich ihnen zu erkennen gab. Dann aber lud er sie ein, nach Ägypten zu kommen, nicht jedoch ohne ihren alten Vater Jakob.

Und so sind Jakob, seine Söhne mit ihren Frauen, mit Kindern und Kindeskindern nach Ägypten gezogen und siedelten sich in einer besonders fruchtbaren Gegend an. Der Pharao hieß sie willkommen und übereignete ihnen das Land, und das Geschlecht Jakobs vermehrte sich in Ägypten, so daß es bald hieß, es wimmele im Lande nur so von ihm.

Inzwischen war Josef gestorben, ein anderer Pharao saß auf dem Thron. Wer erinnerte sich in Ägypten jetzt noch an die gute Zeit, in der Josefs Weisheit die Ägypter vor dem Hunger bewahrt hatte? Auf einmal waren die Israeliten Fremde im Land, die anders lebten und einen anderen Glauben hatten, Fremde, die nicht nach Ägypten gehörten. Jetzt wurden Gesetze geschaffen, nach denen jeder Fremde für das Land zu arbeiten hatte. Von Jahr zu Jahr wurden es mehr Tagewerke, von Jahr zu Jahr wurde das Soll an Ziegeln höher gesetzt, die abzuliefern waren. Von Jahr zu Jahr gab es strengere Fronvögte, denen die Arbeit an den Städten Pitom und Ramses nicht schnell genug ging. Aus der Arbeit war Frondienst geworden, und die Abneigung des Pharao und seiner Beamten gegen die Israeliten schlug in Feindschaft um.

„Laßt alle neugeborenen Söhne der Hebräerinnen sterben", gebot der Pharao den hebräischen Hebammen. „Laßt nur die Mädchen leben." Aber die Hebammen folgten dem Gebot nicht, sie fürchteten Gott. Und so vermehrte sich das Volk der Israeliten weiter. Also befahl der Pharao, daß alle Knaben, die den Israeliten geboren wurden, im Nil zu ertränken seien. Diesem Befehl wagten sich die Ägypter nicht zu widersetzen, und da sie Haus an Haus mit den Fremden wohnten, wußten sie, wo ein Kind erwartet wurde.

Trotzdem gelang es der Mutter des Mose, ihren neugeborenen Sohn zu verbergen. Sie bettete ihn in ein Binsenkörbchen und versteckte es im Schilf des Nils. Wie die Geschichte weiter-

geht, ist bekannt. Die badende Tochter des Pharaos fand Kind und Körbchen. Sie ließ eine Amme rufen, die, wie konnte es anders sein, die Mutter des Knaben war. Und so wuchs Mose unter den Leuten seines Volkes auf. Er kannte ihre Not, ihre Gebete, ihre Klagen, und er hörte ihre Schreie nach Freiheit. Als er alt genug war, gab ihn seine Mutter der Tochter des Pharao zurück, die ihn als ihr Eigentum betrachtete. Und so galt Mose am Hofe des Pharao als Ägypter.
Auch Mose wurde ein Hirt, der Schafe und Ziegen weidete. Er sollte aber auch derjenige werden, dem sich der alleinige Gott näherte.
Gott sprach aus dem Dornbusch zu ihm:
Ich habe das Elend meines Volkes in Ägypten gesehen, und ihre laute Klage über ihre Antreiber habe ich gehört. Ich kenne ihr Leid. Ich bin herabgestiegen, um sie der Hand der Ägypter zu entreißen und aus jenem Land hinauszuführen in ein schönes, weites Land, in ein Land, in dem Milch und Honig fließen.
2. Mose 3, 7—8
Und jetzt geh! Ich sende dich zum Pharao. Führe mein Volk, die Israeliten, aus Ägypten heraus! 2. Mose 3, 10
Mose fürchtete sich, zum Pharao zu gehen, und er fürchtete sich, vergebens zu bitten. Und er bat vergebens. Aber Gott schickte Mose wieder und wieder, und jedesmal, wenn Mose vergebens gebeten hatte, das Volk Israel ziehen zu lassen, schickte Gott eine Plage über Ägypten.
Das Wasser im Nil wurde zu Blut, und die Leute litten großen Durst. Das war die erste Plage. Die zweite Plage waren Frösche, die aus den Sümpfen am Nil krochen, auf Straßen und Plätzen hockten, in den Häusern unter Tischen und Betten saßen. Als dritte Plage schickte Gott Schwärme von Stechmücken, die Menschen und Vieh peinigten. Dennoch ließ der Pharao das Volk der Israeliten nicht ziehen, so wie Gott es forderte und Mose es von ihm erbat. Und so kamen neue Plagen: Ungeziefer, Seuchen, Gewitter und Hagelschlag.
Und abermals ging Mose im Namen Gottes zum Pharao, und wieder bat er vergebens. Jetzt aber wandte sich das ägyptische Volk gegen den König: „Laß die Leute ziehen, Pharao, laß sie fortgehen, dann wird endlich Ruhe im Land sein. Warum bist

du so uneinsichtig, Pharao? Es ist der Gott dieses Volkes selbst, der den Auszug will."
Die Israeliten aber mußten bleiben.
Und wieder redete Gott mit Mose.
Um Mitternacht will ich mitten durch Ägypten gehen. Dann wird jeder Erstgeborene in Ägypten sterben, von dem Erstgeborenen des Pharao, der auf dem Thron sitzt, bis zum Erstgeborenen der Magd an der Handmühle und bis zu den Erstlingen unter dem Vieh. 2. Mose 11, 4—7
Und weiter sprach Gott: *Dieser Monat soll die Reihe eurer Monate eröffnen, er soll euch als der erste unter den Monaten des Jahres gelten. Sagt der ganzen Gemeinde Israel: Am Zehnten dieses Monats soll jeder ein Lamm für seine Familie holen, ein Lamm für jedes Haus. Nur ein fehlerfreies, männliches, einjähriges Lamm darf es sein, das Junge eines Schafes oder einer Ziege müßt ihr nehmen. Ihr sollt es bis zum vierzehnten Tag dieses Monats aufbewahren. Gegen Abend soll die ganze versammelte Gemeinde Israel die Lämmer schlachten. Man nehme etwas von dem Blut und bestreiche damit die beiden Türpfosten und den Türsturz an den Häusern, in denen man das Lamm essen will. Noch in der gleichen Nacht soll man das Fleisch essen. Über dem Feuer gebraten und zusammen mit ungesäuertem Brot und Bitterkräutern soll man es essen. Nichts davon dürft ihr roh oder in Wasser gekocht essen, sondern es muß über dem Feuer gebraten sein. Kopf und Beine dürfen noch nicht vom Rumpf getrennt sein. Ihr dürft nichts bis zum Morgen übriglassen. Wenn aber am Morgen noch etwas übrig ist, dann verbrennt es im Feuer! So aber sollt ihr es essen: eure Hüften gegürtet, Schuhe an den Füßen, den Stab in der Hand. Eßt es hastig! Es ist die Paschafeier für den Herrn.*
In dieser Nacht gehe ich durch Ägypten und erschlage in Ägypten jeden Erstgeborenen bei Mensch und Vieh. Über alle Götter Ägyptens halte ich Gericht, ich, der Herr. Das Blut an den Häusern, in denen ihr wohnt, soll ein Zeichen zu eurem Schutz sein. Wenn ich das Blut sehe, werde ich an euch vorübergehen, und das vernichtende Unheil wird euch nicht treffen, wenn ich in Ägypten dreinschlage.
Diesen Tag sollt ihr als Gedenktag begehen. Feiert ihn als

Fest zur Ehre des Herrn! Für die kommenden Generationen macht euch diese Feier zur festen Regel! Sieben Tage lang sollt ihr ungesäuertes Brot essen. Gleich am ersten Tag schafft den Sauerteig aus euren Häusern! Denn jeder, der zwischen dem ersten und dem siebten Tag Gesäuertes ißt, soll aus Israel ausgemerzt werden. Am ersten Tag sollt ihr eine heilige Versammlung einberufen und ebenso eine heilige Versammlung am siebten Tag. 2. Mose 12, 2—16

Und wie Gott, der Herr, es gesagt und Mose geboten hatte, so geschah es. In der Nacht am 14. des Frühlingsmonats, Nisan genannt, feierten die Israeliten das erste Passahfest noch in ägyptischer Gefangenschaft, während Gott seinen Würgeengel von Haus zu Haus schickte und die Ägypter heimsuchen ließ. Ein furchtbares Wehklagen ging durch das Land, und noch in der Nacht bedrängte der Pharao Mose: *Auf, verlaßt mein Volk! Geht und verehrt euren Gott, wie ihr gesagt habt. Auch eure Schafe, Ziegen und Rinder nehmt mit, wie ihr gesagt habt. Geht und betet auch für mich.* 2. Mose 12, 31—32

So nahmen die Israeliten in der Eile den Brotteig ungesäuert mit. Sie erbaten von den Ägyptern ein paar Geräte aus Silber und Gold und ein paar Gewänder, denn das wußten sie, es stand ihnen ein weiter Weg bevor. Sechshunderttausend waren es, die zu Fuß davonzogen, die Kinder nicht mitgerechnet. Ihnen schloß sich ein großer Haufen Leute an, die auch nicht mehr in diesem gestraften Land leben wollten und die ebenfalls ihr Vieh mitbrachten.

Vierhundertdreißig Jahre waren die Israeliten in Ägypten gewesen, jetzt zogen sie dem Land entgegen, das ihnen Gott verheißen hatte: Kanaan, das Land, in dem Milch und Honig für sie fließen sollte, jetzt, nachdem sie ihr erstes Passah gefeiert hatten.

War es nötig, die Geschichte so ausführlich zu erzählen? In volkstümlichen Osterbüchern ist immer nur zu lesen, daß Gott, der Herr, die Israeliten aus ihrer Gefangenschaft in Ägypten befreit hat und sie durch Mose aus dem Land führen ließ. Wie sie aber nach Ägypten gekommen sind und in diesem Land zu Sklaven wurden, davon wird nichts erzählt. Gewiß, es ist im Alten Testament nachzulesen, aber wer nimmt gleich

die Bibel zu Hand? Die Gefangenschaft und das Leid des israelitischen Volkes sind die Ursache für das jüdische Passah und das christliche Osterfest.
Ich denke, Passah ist im heutigen Israel noch immer das wichtigste Fest für die Juden, für diejenigen ganz gewiß, die ich an der Klagemauer habe beten sehen. An der Mauer jenes Tempels, der einmal ihr Heiligtum in Jerusalem gewesen ist. Dort allein sollten die Juden ihr Passah feiern und die Lämmer opfern. Als der Tempel zerstört war und die Juden das Land ihrer Väter verlassen mußten, haben sie an den Geboten des alleinigen Gottes festgehalten.
Und in jedem Jahr, wenn mit dem Abend vor dem 14. Nisan ihr Fest beginnt, erinnern Gebete und Gebote sie an das erste Passah vor dem Auszug aus Ägypten.
Weder meine Väter noch ich, noch meine Kinder würden frei sein, wir wären immer noch Sklaven, heißt es in der Osterliturgie.
Alle Zeremonien des Passahmahls, dem ein halbtägiges Fasten vorausgeht, sind darauf ausgerichtet, die Gläubigen an die Errettung von der Sklaverei zu erinnern. Nach dem Gottesdienst in der Synagoge versammelt sich die Familie im Haus. Auch Gäste sind willkommen, Verwandte, alleinstehende Freunde, wie es ihnen Gott, der Herr, vor dem ersten Passah befohlen hatte. Der Höhepunkt dieses gemeinsamen Osterabends ist das Mahl, Seder genannt, und jede Einzelheit erinnert die Versammelten an das erste Passahmahl.
Auf einem bestimmten Teller liegen drei Fladen aus ungesäuertem Brot: Es soll alle an die Eile des Aufbruchs denken lassen. Die bitteren Kräuter, die zum Fleisch des Opferlammes gegessen werden, erinnern an die bittere Leidenszeit in Ägypten. Ein Brei aus Früchten und Gewürzen steht stellvertretend für den Mörtel auf dem Tisch, an die schwere Bauarbeit mahnend, die von den Männern des Volkes Israel für die Ägypter geleistet werden mußte. Ein Glas Salzwasser symbolisiert den Schweiß und die vergossenen Tränen, und mit einem Ei, das in der Aschenhitze des Feuers hart geworden ist, wollen die Gläubigen der Zerstörung ihres Heiligtums, des Tempels von Jerusalem, gedenken.

Es ist Sitte, bei diesem Mahl einen Platz am Tisch freizulassen, vorsorglich, für den Fall, daß noch ein unbekannter Gast an die Tür klopft. Selbst wenn es kein jüdischer Gast wäre, er wäre willkommen, denn: Sind nicht alle Brüder eins vor Gott?

Dieser Sederabend ist unter den Juden eine tiefreligiöse Nacht, deshalb muß am Anfang ein Kind aus der Familie die Frage stellen: „Warum ist diese Nacht von allen anderen Nächten verschieden?" Darauf wird mit Lesungen, Gesängen und Gebeten geantwortet, und so zieht sich das Fest hin, Stunde um Stunde. Tiefbewegend erscheint mir der Abschluß, der Wunsch, mit dem man auseinandergeht: „Nächstes Jahr in Jerusalem."

Die Juden haben von ihrem Glauben nicht gelassen, wohin in der Welt sie auch getrieben wurden, wohin sie geflohen sind.

Überall dort, wo sich zum Sederabend gläubige Juden zusammengefunden haben, um Passah zu feiern, war ihr letztes Wort, ihre Hoffnung: „Nächstes Jahr in Jerusalem." Dort Passah zu feiern, am zentralen Punkt ihrer Sehnsüchte, in dieser hellen, heiligen Stadt, auch wenn dort nur noch eine einzige Mauer des Tempels steht. Wie viele werden zu diesem Osterfest kommen oder erst zum nächsten, von irgendwoher aus der Welt, wie viele, die nicht Bürger des Staates Israel sind? — Nächstes Jahr in Jerusalem ...

Was man vom Osterhasen erzählt

Das fünfte Kapitel
handelt von einem wirklich und
wahrhaftig eierlegenden Hasen und
davon, warum das Eierlegen von den
anderen, die im Feld leben, erwartet
wird; vom Hasen im Mond ist die
Rede, von verteufelten Hasen und
von geliebten Hasen, denen die
Kinder ein Hasengärtlein bauen.

Es geht mir jedes Jahr von neuem so, eines Tages stehe ich verblüfft vor den Schaufenstern oder vor den Tischen in den Geschäften: Osterhasen und Ostereier in allen Größen, aus Schokolade, aus Marzipan, aus Zuckerguß, aus Kunststoff, aus Pappmaché, aus Wachs — Osterhasen, Ostereier. Beides gehört freilich zusammen, aber mir ist nicht bewußt gewesen, daß Ostern schon wieder so nah herangerückt ist. Haben nicht gerade noch in Schaufenstern und Auslagen die Weihnachtsmänner dominiert, die Scherzartikel für Silvester? Beherrschten nicht gerade noch Tannengrün und rote Bänder das Bild? Auf einmal ist alles von zarten Farben überhaucht, rosa, hellblau, hellgrün, gelb. Waren nicht gerade noch Maskenkostüme und Larven Trumpf? Es sind noch viele Wochen bis Ostern, aber der kluge Geschäftsmann baut vor: Osterhasen und Ostereier.

Ich kann mich nicht entschließen, stehenzubleiben und alles näher zu betrachten, weil mir noch gar nicht nach Ostern zumute ist. Der Teich im Garten ist dick zugefroren, und es liegt Schnee. Außerdem habe ich bereits jeden Morgen vom Schreibtisch aus einen Hasen hinter dem Gartenzaun beobachtet. Nein, es war kein Karnickel, ich kenne mich aus. Das war Meister Lampe, vielleicht auf Brautschau, weil er gar so hartnäckig ist, wie es Freier gelegentlich an sich haben. Vielleicht ist es aber auch eine Häsin, die sich unter dem Gesträuch im dürren Gras nach einem trockenen Platz umsieht, wo sie die ersten Tage mit ihren Jungen verbringen kann. Warum befremden mich also die Osterhasen und Osteier in den Geschäften? Wenn es nach dem Winter soweit ist, daß die Hasen nahe an die Häuser im Dorf herankommen, weil in den Gärten noch

Kohlstrünke und vergessene Rüben zu finden sind, dann steht Ostern vor der Tür. Es gibt Leute, die sagen: Genau deshalb ist der Hase zum Osterhasen geworden, weil er sich in der Osterzeit um die Dörfer herumtreibt. Und daß diese vielbegehrten, bemalten, bekratzten, bewachsten Ostereier nicht von jeder gewöhnlichen Henne gelegt sein können, versteht sich. Deshalb mußte dafür etwas Besonderes gefunden werden. Wie und warum nun gerade dem Hasen diese außerordentliche Aufgabe zugefallen ist, darüber streiten sich die Gelehrten seit Jahrhunderten. Aber da er nun einmal nicht wegzureden ist, soll zuerst vom Hasen und Osterhasen die Rede sein, bevor die Eier und Ostereier an die Reihe kommen.

Zu keiner Zeit hat es auch nur ein einziger vernünftiger Mensch für möglich gehalten, daß die Hasen wahrhaftig Eier legen können. Es gibt zwar einen Bericht aus dem Jahre 1758, in dem der Förster — auch das noch! — Johann Friedrich Fohrmann aus Sollenhofen zu Protokoll gegeben hat, daß eine von ihm großgezogene Häsin ein Ei von der Größe eines Hühnereis gelegt hätte. Er habe das Tier, berichtet er, in einer hölzernen Truhe gehalten und mit Getreide und Samen gefüttert. Doch würde er davon kein Aufhebens gemacht haben, wenn besagte Häsin nicht ein Jahr später, zur Osterzeit, wiederum bewiesen hätte, daß sie Eier legen könne. Die in den folgenden Jahren hervorgebrachten Eier hätten allerdings eine runde Form gehabt, und geöffnet wäre in einem nichts als Wasser gewesen.

Es soll hier Förster Fohrmanns Ehrenhaftigkeit keinesfalls angezweifelt werden. Die Natur bringt ja immer wieder Kuriositäten zustande, was am augenfälligsten geschieht, wenn siamesische Zwillinge geboren werden. Nur, der ostereierlegende Hase ist damit noch nicht bewiesen, und so geht das Rätselraten weiter. Ein sehr ernsthaftes Rätselraten.

Wissenschaftler haben im Haushaltsbuch eines Speyrer Domherren aus dem Jahre 1509 nicht nur geschenkte Eier verzeichnet gefunden, sondern auch Hasen und Haselhühner zur Osterzeit. Geschenkt, gezinst? Es ist nicht genau auseinanderzuhalten. Der eine wird seinen Zins abgeliefert haben, der zur damaligen Zeit in Naturalien bestand, und der andere, der sich einen Vorteil erhoffte, hat auf den Zins noch etwas draufgelegt. Noch früher aber finden sich in einem Dommeßbuch aus dem Jahre 1343 in den Arabesken des Osterbildes eine Henne, ein Lamm und ein sich hochreckender Hase. Das alles erklärt freilich nicht, wie es der Hase zum Osterhasen gebracht hat, obwohl gerade im 16. Jahrhundert viel von ihm die Rede ist in der Osterzeit. Nebenbei sei erinnert an Albrecht Dürers weltbekanntes Hasenbild aus dem Jahre 1502. Und ebenso an die Darstellung der drei springenden Hasen im Stammbuch des Lüneburger Sülfmeisters Hartwig von Dassel aus dem Jahre 1575. Dieses Motiv gibt es bereits seit dem frühen 13. Jahrhundert, es ist seiner Originalität wegen immer wieder verwendet worden, an kirchlichen und weltlichen Bauten, als Wirtshausschild und als Ofenkachel, und selbst auf einer Glocke in Haina bei Marburg ist es zu finden. Sie wird deshalb die Hasenglocke genannt. Diese drei Hasen sind so dargestellt, daß ihre Ohren übereinanderliegen, als hätte jeder nur eins davon.

Drei Hasen und der Löffel drei,
und hat doch jeder seine zwei.

In der Mitte des 16. Jahrhunderts erscheint der Hase neben dem Lammbraten immer öfter auf der österlichen Festtafel, und sei es als Hasenpastete. Das läßt sich mit den Hasenjagden der Osterwoche erklären, die am Karfreitag abgeschlossen sein mußten. Heutzutage wären österliche Hasenjagden undenkbar, der Junghasen wegen, die entweder schon geboren sind oder gerade geboren werden. Das hat sich früher um die gleiche Zeit abgespielt, aber weil die Hasen zwischen Frühjahr und Herbst mehr als einmal Nachwuchs kriegen, wurden sie trotzdem gejagt.

Von alters her gilt der Hase als Symbol der Fruchtbarkeit. Er wurde deshalb bei allen Naturvölkern besonders verehrt, aber auch von den frühen Christen. Unsere germanischen Vorväter glaubten, er ginge vor der Frau Holle her, Lichter tragend, wenn sie im Frühjahr zu nächtlicher Stunde über die Felder schritt, um sie fruchtbar zu machen. Andere sahen ihn als Windgeist das Getreide befruchten, wenn es in Blüte stand.

Noch älter aber ist seine Verbindung mit dem Mond, diesem altehrwürdigen Gestirn, das viel von seinem Zauber in dem

Augenblick eingebüßt hat, als der erste Mensch es betrat. Oder ist doch noch ein Rest der romantischen Verklärung übriggeblieben, wenn der Mond über einem Wald heraufzieht? Und wer denkt nicht noch einmal an die Geschichte von dem armen Holzsammler, der am Sonntag im Wald vom Herrgott überrascht wurde? Wie es heißt, muß er seit diesem Tag mit seinem Reisigbündel im Mond stehen. Hat dem Herrgott der einsame Alte doch leid getan, so daß er ihm den Hasen zugesellt hat?

Hase und Mond gehören in der Mythologie Asiens seit Jahrtausenden zusammen. Im indischen Sanskrit bedeutet das Wort *Caca* Hase und gleichzeitig auch Mondflecken. Im chinesischen Kalender beginnt mit dem Monatstier Hase der Frühling. In der Antike war der fruchtbare Hase der Liebesgöttin Aphrodite zugeordnet. Ich habe nicht nur an der Südküste der Insel Zypern jene Stelle gesehen, wo die Schaumgeborene dem Meer entstiegen ist, ich habe auch die Riten nachgelesen, die zum Kult dieser Liebesgöttin gehörten. Deshalb paßt der liebestolle Hase gut zu ihr.

In der Frühzeit des Christentums war der Hase das Symbol für alle Heiden, die sich zum Christentum bekennen wollten und in langen weißen Hemden am Gründonnerstag zur Taufe kamen. Wie sich das Fell des Alpenhasen in der Jahreszeit verfärbt, so verwandelten sich Ungläubige in gläubige Christen.

Dann kam das gestrenge Mittelalter, und der arme Hase wurde zum unkeuschen Tier erklärt. Die Kirche verbot es, sein Fleisch zu essen, das geradezu einen Teufelsbraten darstellte.

Trotzdem haben es viele Leute mit einer Absicherung ins Heidnische gehalten. Sie bewahrten den Lauf eines Hasen auf, der an einem 3. März geschossen worden war. Er sollte ein unbedingt wirksames Mittel gegen Kreuzschmerzen sein und darüber hinaus ein wirksames Amulett gegen Hexenzauber. Deshalb war es für alle Fälle gut, eine Hasenpfote in der Hosentasche bei sich zu haben. Ob die Hasenpfote auf dem Schreibtisch neben dem Tintenfaß auch dem Abwehrzauber diente und nicht nur dazu, die Feder abzustreifen, wer weiß? Vermutlich würde derjenige, der hinter dem Schreibtisch saß, sich an die Brust geschlagen und jeden Aberglauben von sich gewiesen haben.

Und wie hat es der Hase fertiggebracht, zum Osterhasen zu

werden? Ist es wirklich die Schokoladen-, Marzipan- und Zuckerindustrie gewesen, die ihm zu solcher Ehre verholfen hat? Das erste gesicherte Zeugnis vom Osterhasen stammt aus dem Jahre 1682, von dem Arzt Georg Frank. In dieser Nachricht heißt es: In Südwestdeutschland, in unserer Pfalz, im Elsaß und einigen benachbarten Orten wie auch in Westfalen, werden diese Eier Haseneier genannt. Man macht dabei einfältigen Leuten und kleinen Kindern weis, diese Eier brüte der Osterhase aus und verstecke sie im Garten ins Gras, ins Gebüsch und so weiter. Man will sie so von den Buben um so eifriger suchen lassen, zum erheiternden Gelächter der Älteren. Als ich diese Nachricht las, erinnerte ich mich daran, daß auch unser Weihnachtsbaum aus dieser Gegend gekommen ist und sich dann in nordöstlicher Richtung ausgebreitet hat. Auch ist gesagt worden, der Osterhase sei der protestantischen Lehre außerordentlich willkommen gewesen. Mit ihm wäre es möglich geworden, den papistischen Ostervorstellungen etwas entgegenzusetzen. Wenn das stimmen sollte, hätte der Osterhase in Mittel- und Norddeutschland besonders schnell heimisch werden müssen. Das ist er aber nicht.

Im Hannoverschen brachte noch im 19. Jahrhundert der Fuchs die Ostereier, weshalb sie Voßeier genannt wurden. In Schleswig-Holstein war es der Hahn, genauso wie in Thüringen, wo sie stellenweise auch der Storch von seiner Reise mitbrachte. Der Kranich, der Auerhahn und nicht zuletzt der Kuckuck zählten zu denjenigen, die den Kindern die Osternester füllten, und deshalb läßt sich sagen, daß der Osterhase erst in den letzten hundert Jahren wirklich überall im deutschsprachigen Raum heimisch geworden ist.

Waren es also doch die Schokoladenfabrikanten, die ihm den Weg geebnet haben? In den letzten hundert Jahren gewiß. Aber lange vor dem Osterhasen gab es Ostereier, jene Eier, die nach der langen Fastenzeit zu Ostern geweiht, gegessen und verschenkt wurden. Als Symbol des wiederkehrenden Lebens wurden sie rot gefärbt, rot, sonst nichts — jahrhundertelang. Eines Tages aber wurden sie bunt verziert, gelackt, bemalt, beklebt. Und je kunstvoller sie verziert wurden, desto näher rückt die Zeit für den Osterhasen. Wie konnten diese bewundernswerten Eier, die niemand zu zerbrechen und zu essen wagte, die gleichen Eier sein wie jene, über die das Hennenvolk jeden Tag sein Spektakel machte, wenn es von den Legenestern stieg? Nein, diese Eier mußten eine andere Herkunft haben, eine Herkunft, die der Phantasie freien Raum ließ. Und wie es nicht von ungefähr kommt, daß den Fiern, die in der Osterwoche gelegt werden, eine besondere bedeutung zugemessen wird, so war auch für die verzierten Ostereier eines Tages der Bringer gefunden: der Osterhase.

Immerhin, so unpräzise die Herkunft des Osterhasen ist, sie ist gefunden, und es wäre nur noch zu berichten, daß der Osterhase nicht nur in der Nacht zum ersten Osterfeiertag überall im Land dahinjagt, um die Osternester zu füllen, nein, er teilt sich die Sache ein. An manchen Orten kommt er bereits am Sonntag Lätare, am Sommersonntag, und deshalb heißt er auch dort der Sommerhase. Der Sommerhase bringt die Eier, während die Leute in der Kirche beim Hochamt sind. Er geht aufrecht und hat keine Kiepe. Er legt seine Eier am liebsten in ein Heunest oder in ein Nest aus altem Gras, das ihm irgendwo weit hinten im Garten zurechtgemacht worden ist. Es sind auch besonders kleine Eier, die der Sommerhase bringt — vielleicht, weil er eben nicht der richtige Osterhase ist.

Es gibt auch Hasen, die ihre Eier den Kindern schon am Palmsonntag oder am Gründonnerstag bringen. Das ist nicht so leicht zu verstehen, deshalb hat der Dichter Friedrich Rückert seiner kleinen Schwester zusammen mit der Erzählung *Die Ostereier* von Christoph v. Schmid aus dem Jahre 1816 einen Brief geschickt:

Damit Du Dich nicht wunderst, warum dieses Büchlein von Ostereiern spricht, da doch bei Dir der Has' am Gründonnerstag kommt, so mußt Du Dir vorstellen, daß dieser Has', wenngleich sehr schnell laufen, so doch nicht fliegen kann, um an allen Orten zur gleichen Zeit zu sein. Nun mußt Du Dich bei ihm bedanken, daß er zu Dir zuerst kommt und von Dir erst herein zu uns. Wenn er den Weg über Würzburg nimmt, so wird er wohl dort am Osterheiligabend seine Bescherung machen; hier bei uns kriegen wir ihn erst zu Ostern selbst. Weiterhin erst am zweiten und dritten Ostertag und so fort, je weiter, je später. Vielleicht gibt's überm Meer ein Land, wohin er erst zu Pfingsten kommt oder wohl gar nicht, wenn er keine Brücke findet. Ich selbst bin aber ganz sicher, daß der Osterhase dorthin überall eine Brücke findet, wo die Kinder auf ihn warten, um ihnen die Nester zu füllen und die Ostereier zu bringen.

Zum Schluß will ich von einem alten Brauch erzählen, der nicht überall im deutschsprachigen Raum, aber in Hessen zu Hause ist und den viele Kinder mit großem Ernst ausüben, in ihrer Freude auf den Osterhasen. Es ist der Bau des Osternestes oder des Hasengärtleins, in dem der Osterhase nicht nur willkommen geheißen, sondern auch zum Verweilen gebracht werden soll. Verweilen aber heißt ja nichts anderes, als viele Ostereier legen. Das Osternest ist meistens nichts weiter als eine Brotbackschüssel, die mit Strohzöpfen ausgepolstert wird, damit es der Osterhase beim Eierlegen hübsch warm und gemütlich hat. Sie wird unter den Beerensträuchern aufgestellt oder an einem anderen abseitigen Ort im Garten, der ruhigen Lage wegen. Eine solche Lage wird stets auch für das Hasengärtlein bevorzugt, nur ist das Hasengärtlein aufwendiger anzulegen, und ich denke mir, alle Kinder, die es dem Osterhasen herrichten, erhoffen sich davon eine noch größere Ausbeute an Ostereiern. Zum Hasengärtlein werden Weidenruten gebraucht oder Haselnußgerten, die gebogen und mit beiden Enden in die Erde gesteckt werden. Sechs stabile Ruten sollten es schon sein. Die Kinder stecken damit einen Rundbau oder einen Längsbau ab. Wichtig ist, daß der Osterhase den Eingang leicht finden kann. Um ihm bei seinem Geschäft die nötige Ruhe zu verschaffen, wird das Gärtlein über den Ruten mit Moosplacken abgedeckt. Also findet der Osterhase einen heimeligen Ort vor, in dem es ihm geradezu ein Vergnügen sein muß, viele Eier zu legen. Doch damit nicht genug. Die Kinder wollen ihn noch mehr erfreuen und schmücken das Hasengärtlein mit Blumen, Hasenblumen genannt. Nun hängt es ja vom Wetter ab, wie viele Blumen überhaupt zu finden sind. Besonders reich ist die Auswahl zumeist nicht: Huflattich, vielleicht Buschwindröschen, bei zeitigem Frühjahr auch die ersten Himmelschlüssel. Deshalb bürgerte es sich ein, Hasengärtlein

und Osternester mit Hasenbrot zu schmücken, das den Hasen auch noch vorzüglich schmeckt. Das Hasenbrot ist nichts anderes als die Hainsimse, die auch Marbel genannt wird. Sie ist zwar unscheinbar, aber überall anzutreffen. Ihre Samen werden in den Eingang des Hasengärtleins gestreut. Und am Ostermorgen, wenn die Kinder erwartungsvoll zu ihrem Hasengärtlein oder zu ihrem Osternest gehen, versäumen sie es nie, nachzusehen, ob sich der Osterhase an dem ausgestreuten Hasenbrot auch wirklich gestärkt hat. Erst dann freuen sie sich über die gefundenen Ostereier. Schön finde ich das.

Ei - Symbol des Lebens

Im sechsten Kapitel ist von kunstvoll verzierten Ostereiern die Rede, von Eierbäumen, Zinseiern und was damit gemacht wurde; von heidnischen Eieropfern, christlichen Eierbräuchen und von Gründonnerstags- und Karfreitagseiern, bei denen beides zusammenkommt.

stereier: rot, blau, grün, gelb, braun und weiß. Wochenlang habe ich sie nicht aufgeschlagen, ich habe sie ausgeblasen, ich habe sie getrocknet, in einem Korb gesammelt und jetzt mit Ölfarben angemalt, damit der Regen sie nicht verwaschen kann. Man braucht viele Eier, um damit einen Osterbaum zu schmücken, und jetzt hängen sie an einem weißen Faden, der um ein halbes Streichholz geknüpft ist, im Heizkeller zum Trocknen. Ostern wäre nicht Ostern ohne den Eierbaum, obwohl wir diesen Brauch erst kennengelernt haben, seit wir in der norddeutschen Tiefebene wohnen. Er gefällt uns sehr. Wir hängen die bunten Eier am Tag vor Ostern in unseren Tulpenbaum. Meist hat er gerade erst Knospen, grün-weiß. Dann geht Ostern vorüber, es kommen ein paar sommerlich warme Tage, der Tulpenbaum blüht auf. Und unsere Ostereier hängen immer noch darin. Wenn dann der Wind durch die Zweige fegt, macht er aus unseren ausgeblasenen Eiern eine Äolsharfe. Wir haben uns in keinem Jahr diesen zauberischen Klängen entziehen können.

Mit den Ostereiern ist es ähnlich wie mit dem Osterhasen, niemand weiß genau, wann den einfachen Hühnereiern die Ehre zuteil geworden ist, Ostereier zu sein, die begehrt und mit Freuden gesammelt werden. Im Gegensatz zum Osterhasen ist das Osterei im österlichen Brauchtum ganz Europas als Symbol des wiederkehrenden Lebens bekannt. Auch dort, wo nicht im christlichen Sinne Ostern und Auferstehung gefeiert wird, ist es den Menschen Sinnbild für neues Leben.

Schön bemalte Eier schenkten sich bereits die Babylonier zu ihren Frühjahrsfeiern, ebenso die Inder, in deren Mythos die Welt aus einem Ei entstanden ist. In diesen Frühjahrsbräuchen war das Ei entweder rot gefärbt oder rot verziert. Bei der Stadt Worms wurden im Steinsarg eines Mädchens zwei Gänseeier gefunden, die mit Streifen und Tupfen bemalt waren. Dieses Grab ist in die Zeit um 320 n. Chr. einzuordnen. Schön verzierte Eier fanden sich auch in einem slawischen Kastell, das vor fünfzig Jahren in der oberschlesischen Stadt Oppeln freigelegt wurde. Bei unseren heidnischen Vorvätern wurden die Eier ebenfalls rot gefärbt. Rothaarig war der mächtige Gott Wotan, rothaarige Tiere, wie der Fuchs, waren ihm geweiht; deshalb mußten auch die Eier mit der Opferfarbe Rot bemalt werden. Das ist viele Jahrhunderte so geblieben.

Selbst als das Christentum nördlich der Alpen festen Fuß gefaßt hatte, blieb Rot die Opferfarbe, nur wurde sie jetzt mit dem Opferblut Christi gleichgesetzt, das Jesus zur Erlösung der Menschen am Kreuz hatte vergießen müssen. Nun steht ja fest, daß den Leuten das Heidnische nicht fremd geworden ist, auch wenn sie den christlichen Glauben ernstgenommen haben. Ganz im Gegenteil, sie brachten es fertig, eins mit dem anderen zu verflechten. So kommt es, daß dem Ei Kräfte zugeschrieben werden, von denen viele zum christlichen Ritus gehören, andere zum Zauberglauben der heidnischen Zeit.

Christlich ist es, in der Fastenzeit keine Eier zu essen und den Eiern, die in der Osterzeit gelegt werden, um so größere Bedeutung für die Auferstehung und das Leben zuzumessen.

An Ostern iß Eier, dann bist du das ganze Jahr gesund, heißt es. Das steht für mich so auf der Kippe zwischen beidem. Aber wenn das Ei einer schwarzen Henne, am Karfreitag gelegt, vor Teufel und Hexen schützen soll und überhaupt vor jedem Unfall und mit seiner Hilfe sich auch feststellen läßt, ob ein Kind verhext ist, dann ist das eindeutig genug. Es soll auch möglich sein, mit dem Ei einer schwarzen Henne, das man beim Kirchgang unter der Achsel trägt, alle Hexen zu erkennen, die sich heuchlerisch unter die Gläubigen gemengt haben.

Besondere Bedeutung wird allen Eiern zugemessen, die am Gründonnerstag und am Karfreitag gelegt werden. Die Gründonnerstagseier verleihen besondere Kraft, männliche Kraft, wenn sie mitsamt der Schale verzehrt werden. Die Karfreitagseier faulen nicht und schützen das Haus vor Blitzschlag. Ein

Karfreitagsei kann man über das Haus werfen, es wird nicht zerbrechen und bleibt bis zum nächsten Karfreitag frisch. Ich bin sicher, lieber Leser, Du hast auch davon gehört, daß Eier beim Bau eines neuen Hauses vergraben werden, unter der Türschwelle oder neben dem Schornstein, als Opfer. Diese Eier haben, so heißt es, lebende Tiere, wenn nicht gar Menschenopfer abgelöst. Nach der Sage soll die Stadt Neapel vom Zauberer Vergil auf einem Ei erbaut worden sein, deshalb trägt das Kastell — eine Burg machte ja immer den Anfang — den Namen dell' Uovo.

Im Laufe der Zeit bekamen die Opfereier noch eine andere Bedeutung, auch wenn sie immer noch zum Schutz gegen Geister, Krankheit und schlimme Wetter an Kreuzwegen und unter Türschwellen vergraben wurden und, in Garben eingebunden und auf die Felder gebracht, deren Fruchtbarkeit fördern sollten. Eines Tages waren die Eier zinspflichtig und gehörten zu den Abgaben, die den Herren, den weltlichen wie den geistlichen, zu bringen waren.

In den mittelalterlichen Hauswirtschaftsbüchern beider Küchen ist verzeichnet, mit wie vielen Eiern die jeweiligen Köche am Gründonnerstag rechnen konnten. Es war der hauptsächliche Zinstag für diese Ablaßeier. Der Volksmund hat in Bayern Antlaßeier daraus gemacht. Nun wäre ja die Frage berechtigt, was denn mit dieser plötzlichen Eierschwemme angefangen worden ist, auch wenn die Fastenzeit überstanden und das Eieressen wieder erlaubt war. Können so viele Eier verbraucht, verkocht und verbacken worden sein? Sie sind es, Jahr für Jahr. Es muß allerdings gesagt werden, daß ein erheblicher Teil davon als Osterzulage für die Bediensteten gebraucht wurde — zu denen übrigens auch die Hirten zählten.

In den Klosterküchen wurden vor allem Osterfladen daraus gebacken, die am Ostersonntag geweiht und an Bedürftige verteilt worden sind. Wenn der Zinstag bereits am Anfang der Osterwoche lag, so war dafür schon der Gründonnerstag vorgesehen.

Dafür gibt es aus dem Kloster Seligenporten in der Oberpfalz einen Beleg: „Am gründonnerstag 250 eyer zu spende, dann an disem tag kindern jedem ein röckhl und zwey eyer." Das

Röckhl war ein kleiner Laib Roggenbrot, und da die Gaben alle geweiht waren, wurden sie mit besonderer Andacht verzehrt.

Und so soll nun von den verschenkten, versteckten, verzierten Ostereiern die Rede sein.

Daß sie durch Jahrhunderte nichts sonst als rot gefärbt waren, davon habe ich berichtet. Was die Menschen schließlich veranlaßt hat, die Ostereier zu verzieren, ist nicht mehr eindeutig zu klären. War es der Sinn für Schönes oder eine verfeinerte Lebensart?

Sicher ist, daß die Paten ihren Patenkindern, die Lehrer ihren Schülern und umgekehrt Eier schenkten, die mit Sprüchen bemalt, mit Widmungen versehen waren. Vielleicht hatten Geber und Gebende von den kostbaren, mit Blattgold verzierten Eiergeschenken der Fürsten und Könige erfahren und wollten es ihnen auf ihrer Ebene gleichtun. Mit dem dahingehenden 17. Jahrhundert kommt auch die Sitte auf, Kindern zu Ostern Eier zu verstecken und ihnen zu erzählen, das wäre der Osterhase gewesen. Einer, der das aus dem Elsaß und der Pfalz berichtet, ist der Mediziner Georg Frank, und es wurde bereits im Kapitel vom Hasen und Osterhasen berichtet, wie er sich darüber mokierte. An dieser Stelle soll ein anderer zu Wort kommen:

Was muß aber die Ursache sein, daß man sich eben so wohl mit den Eiern delektieret, ein ganzes Jahr geschieht den Eiern nicht so viel Ehr, als eben jetzt zur österlichen Zeit. Man vergoldet's, man versilbert's, man belegt's mit schönen Flecklen und macht allerhand Figuren darauf ... Etwa ein Osterlämmlein, ein Pelikan, so seine Jungen mit eigenem Blut speiset, oder die Urständ Christi.

Solch kostbar verzierte Eier müssen im 17. Jahrhundert großen Seltenheitswert gehabt haben, sonst würden sie dem Schriftsteller Adam Olearius auf seiner Reise durch Rußland und Persien im Jahre 1656 nicht derart aufgefallen sein, daß es ihm wichtig erschien, davon zu erzählen.

Rußland — Ostern — Ostereier. Das muß man in einem Atemzug nennen. So wie bis zum heutigen Tag überall in der Ostkirche, so war Ostern in Rußland das wichtigste Fest bis zur Revolution im Jahre 1917. Allein in Petersburg sind damals Millionen von Ostereiern verschenkt worden, die meisten davon schön verziert. Der russische Zar selbst beschenkte Familienangehörige, Verwandte und alle, die er besonders huldvoll auszeichnen wollte, mit kostbaren Ostereiern aus Gold und Edelsteinen. Sein Hofjuwelier Fabergé fertigte ihm einfallsreich diese österlichen Spielereien an. Im Osterei, das an die Kaiserkrönung des Jahres 1896 erinnern sollte, befand sich eine goldene, mit Diamanten besetzte Staatskarosse, in Miniaturausgabe, versteht sich. Es gab ein Osterei, in dem sich ein goldenes Dotter befand, in dem wiederum ein goldenes Küken saß, das eine winzige Zarenkrone mit einem noch winzigeren Rubin enthielt. Es gab ein Ei, in dem ein Körbchen mit Narzissen aus Edelsteinen zu bewundern war, wenn man es auseinanderklappte. Siebenundfünfzig dieser fürstlichen Kleinode hat Peter Carl Fabergé für den Zaren angefertigt. Elf davon sind bis heute unauffindbar.

Der russische Zar war nicht der einzige, der Ostern zum Anlaß nahm, Geschenke besonderer Art zu machen. Bereits 1717 verschenkte Liselotte von der Pfalz zu Ostern „ein paar ostereyer von Schildcrotten, mitt ein paar Ringellger". Das werden gewiß ansehnliche Ringelchen gewesen sein, die sie dem Beschenkten verehrt hat. Und herumgesprochen mag es sich auch haben. Wer es sich also leisten konnte, versuchte nachzueifern. Plötzlich sah die Obrigkeit eine große Gefahr in den kostbaren Ostergeschenken. Neid würde erweckt werden und Mißgunst. Deshalb mußte man einschreiten, und das heißt ja bei der Obrigkeit immer: Verbot. Mit den Weihnachtsgeschenken war es nicht anders gewesen, und wie das Verbot bei ihnen nichts genützt hatte, so nützte es auch bei den Ostereiern nichts. Außerdem war es für die meisten Leute ohnehin unerschwinglich „Eyer von Schildcrotten mitt ein paar Ringellger" zu verschenken, von Eiern aus Gold und Silber gar nicht zu reden. Nein, die Leute aus dem Volk mußten sich auf ihre Phantasie verlassen, um die Eier hübsch zu färben, zu bemalen, zu bekratzen, mit Wachs zu verzieren.

Eine besondere Kunstfertigkeit haben die Menschen im Osten und Südosten Europas entwickelt. Nie werde ich vergessen, als ich, es ist Jahre her, am Tag vor Palmarum in Prag aus dem Hotel kam. Es lag am Wenzelsplatz. Das Wetter war kalt,

Ostern war früh. Nach der linken wie nach der rechten Seite saßen in Hauseingängen dickvermummte Bauersfrauen wie Glucken hinter großen, weidengeflochtenen Körben. Körbe, die einen halben Zentner fassen konnten und die an diesem Tag mit federleichten, kunstvoll verzierten Ostereiern gefüllt waren bis zum Rand. Und eins war immer schöner als das andere: rot, blau, lila, grün, gelb, Hühnereier, Gänseeier, Nelken darauf, Rosen, Sprüche. Ich konnte die Fülle nicht fassen, die Vielfalt, die Kunstfertigkeit. Und es wollte mir nicht in den Kopf, daß diese Eier alle, alle von Hand angefertigt worden waren.

Heimgekommen hat es mir keine Ruhe gelassen, ich habe mich mit den gefärbten und verzierten Ostereiern beschäftigt. Aus meiner Kindheit erinnerte ich mich, daß meine Mutter die Eier noch mit Zwiebelschalen oder Spinatwasser färbte, bevor die Anilinfarben in Mode kamen. Inzwischen weiß ich, daß man rote Eier erhält, wenn man sie in Brasilspänen kocht, daß Blauholz oder Malvenblüten blaue Töne ergeben, mit Erlenkätzchen eine graue Farbe, mit Eichenrinde eine dunkelbraune Tönung erreicht wird. Für Dunkelgrün wird immer noch Spinatsaft gebraucht, oder man kocht die ersten Sprossen vom jungen Roggen, je nach Jahreszeit.

Zum Färben sind Eier mit glatter Oberfläche besonders geeignet. Man wird sie, wenn sie nicht später gegessen werden sollen, mindestens eine halbe Stunde lang kochen. Danach ist auch das Eigelb ganz und gar ausgetrocknet, es verwest nicht, und das kunstvoll verzierte Ei läßt sich jahrelang aufbewahren. Hat man nach halbstündigem Sieden die gewünschte Farbe erhalten, wird das Ei herausgenommen, getrocknet und mit einer Speckschwarte abgerieben, damit es schön glänzt. Soll es verziert werden, indem man die gewünschten Muster aus der Farbe herauskratzt, Blüten, Blätter, Ringe, Streifen, geometrische Muster, womöglich das besagte Osterlämmlein, Vögel, Sterne und Sprüche, kommt die Speckschwarte erst danach an die Reihe. Beschriebene Eier sind meist Geschenke, auf denen mehr als „Frohe Ostern" steht:

> *Es grünt die Au, es wächst das Erz,*
> *Gott gebe Ihnen ein fröhliches Herz.*

Ist mehr als Freundschaft im Spiel, kann das Eiergeschenk ein willkommener Anlaß sein, um deutlich zu werden.

Der Himmel ist hoch, die Felder sind breit,
und das Alleinsein ist auch keine Freud.

Um solche Sprüche auf ein Ei zu bringen, kann man auch die Wachstechnik verwenden. Dazu wird mit einer fein zugeschnittenen Feder flüssiges Wachs auf das Ei gebracht, und dann erst kommt es in den farbigen Sud. Die bewachsten Stellen nehmen die Farbe nicht an, und so bleiben sie gut zu erkennen. Es gibt Eier, die mit gefärbter Schnur und andere, die mit dem Mark von Binsen beklebt und dann bemalt werden. Es gibt Eier, die mit kostbarer Spitze umhüllt, mit Perlen beklebt oder mit Silberblättchen beschlagen werden. Es gibt eigentlich nichts, womit man Eier nicht verzieren könnte.

Seit einigen Jahren gibt es in der Osterzeit regelrechte Ostereiermessen, in Köln, in Nürnberg, in München. Dort werden besonders schön verzierte Eier gezeigt, alte und neuangefertigte, die sich an alte Vorbilder anlehnen. Es sind alles kostbare Sammlerstücke.

Mit den einfachen roten, grünen und blauen Eiern dagegen hat es auch seine Bewandtnis. Bei ihnen ist entscheidend, welche Farbe man im Osternest zuerst findet. Rot bedeutet drei Tage Glück, blau dagegen drei... Ich will es lieber nicht sagen, um niemandem die Osterfreude zu verderben. Schließlich hat sie alle der Osterhase gebracht, und der weiß wirklich nicht über diese Orakel Bescheid, die sich die Menschen ausgedacht haben. Außerdem hat er nicht nur solche Eier in der Kiepe. Er hat Krokanteier darin und Marzipaneier, auf denen zwar keine schönen Sprüche stehen, die aber um so besser schmecken. Er bringt Schokoladeneier, die mit einem Fingerhut voll Kognak, Himbeergeist oder Eierlikör gefüllt sind, er bringt Nougateier und Schokoladeneier, die einfach hohl sind. Und alle, die ein Eiergeschenk zu erwarten haben, freuen sich auf ihn, nicht nur die Kinder. Die Kinder aber sind heutzutage genauso ausgelassen, wenn sie die Eier im Freien suchen können, wie damals, im Jahre 1783, als ihnen Johann Wolfgang von Goethe in einem Garten hatte Osternester herrichten lassen.

Sein Freund Friedrich von Matthisson berichtet:
Goethe gab ein Kinderfest in einem Garten unweit von Weimar. Es galt Ostereier aufzuwittern. Die muntere Jugend, worunter auch kleine Herder und Wielande waren, zerschlug sich durch den Garten und balgte sich bei dem Entdecken der schlau versteckten Schätze nicht wenig ...
Ich selber denke in jedem Jahr, wenn ich kurz vor Ostern einen großen Birkenzweig ins Haus hole und buntgefärbte Eier daranhänge, an Prag, an den Wenzelsplatz, an die freundlichen Glucken mit ihren Eierkörben. Seit damals hängen ein paar kunstvoll verzierte, beschriebene Ostereier im Haus.

Gehst du nicht bald nach Haus, lacht dich der Kuckuck aus!

Im siebenten Kapitel sind Osterlieder gesammelt und Frühlingslieder, zehn an der Zahl, bekannte und unbekannte; eine Auswahl, die es wert ist, sich daran zu erinnern, gelesen, gesungen und gespielt zu werden.

sterlieder, Frühlingslieder.
Seltsam ist, daß einem bei dem Gedanken an die Osterzeit vor allem Frühlingslieder einfallen. „Der Winter ist vergangen, ich seh des Maien Schein" oder „Im Märzen der Bauer die Rößlein einspannt", das sagt jeder her, obwohl es keine Osterlieder sind. Lieder, die im Gedenken an die Passion Christi gesungen werden, wie „O Haupt voll Blut und Wunden", oder Lieder, die seine Auferstehung preisen, „Christ ist erstanden von der Marter alle", sind viel weniger in aller Munde.
Einige kirchliche Weihnachtslieder kennt jeder, und niemand, der danach gefragt wird, denkt zuerst an ein Winterlied.
Zu Weihnachten wie zu Ostern geschieht ein göttliches Wunder. Es mag aber sein, daß die Geburt des Gottessohnes faßbarer ist als sein Opfertod am Kreuz und seine Auferstehung. Wie schwer es selbst für diejenigen zu begreifen war, die Christus nahestanden, dafür ist der Jünger Thomas ein Beweis. Er konnte an die Auferstehung erst glauben, als er seine Finger in Jesu Wundmale gelegt hatte.
Dennoch, zu allen Zeiten haben sich die großen Komponisten der Passion angenommen. Hier soll nur Johann Sebastian Bach genannt werden. Außer Messen und Kantaten, die er dem Leiden Christi gewidmet hat, muß an seine „Matthäuspassion" erinnert werden.
Dieses Werk, das am 15. April 1729 im Nachmittagsgottesdienst in der Thomaskirche zu Leipzig uraufgeführt wurde, es war der Karfreitag dieses Jahres, zählt bis heute zu den gewaltigsten Zeugnissen abendländischer Musik. Deshalb sollte es nicht unerwähnt bleiben in diesem Kapitel, in dem kirchliche Osterlieder und Frühlingslieder in einer Auswahl zusammengebracht worden sind.

O HAUPT VOLL BLUT UND WUNDEN

Weise: Herzlich tut mich verlangen
Hans Leo Haßler, 1601

O Haupt voll Blut und Wun-den, voll Schmerz und vol-ler
o Haupt zum Spott ge-bun-den mit ei-ner Dor-nen-
Hohn,
kron,   O Haupt, sonst schon ge-zie-ret mit
höch-ster Ehr und Zier, jetzt a-ber noch schimp-
fie-ret: ge-grü-ßet seist du mir!

Du edles Angesichte,
davor sonst schrickt und scheut
das große Weltgewichte:
wie bist du so bespeit,
wie bist du so erbleichet!
Wer hat dein Augenlicht,
dem sonst kein Licht nicht gleichet,
so schändlich zugericht'!

LASS MICH DEINE LEIDEN SINGEN

Worte: Michael Denis, 1774

„Was du willst, das soll geschehen!"
Hör ich dich zum Vater flehen,
als die Todesangst begann
und dein Blut zur Erde rann.
Präge, Herr, in unsre Herzen...

WIR DANKEN DIR, HERR JESU CHRIST

Weise: Erschienen ist der herrlich Tag
Worte: Nikolaus Herman, 1560

Wir bitten dich durch deine Gnad':
nimm von uns unsre Missetat
und hilf uns durch die Güte dein,
daß wir dein' treuen Diener sein.
Halleluja.

Gott Vater in dem höchsten Thron
samt seinem eingebornen Sohn,
dem Heiligen Geist in gleicher Weis'
in Ewigkeit sei Lob und Preis!
Halleluja.

LEISE ZIEHT DURCH MEIN GEMÜT

Weise: Felix Mendelssohn-Bartholdy (1809—1847)
Worte: Heinrich Heine (1797—1856)

Zieh hinaus bis an das Haus, wo die Blumen sprießen;
wenn du eine Rose schaust, sag, ich laß sie grüßen.

SEHNSUCHT NACH DEM FRÜHLING

Worte: Chr. A. Overbeck (1755—1821)
Weise: W. A. Mozart (1756—1791)

Komm, lieber Mai und mache die Bäume wieder grün, und laß mir an dem Bache die kleinen Veilchen blühn! Wie möcht' ich doch so gerne ein Veilchen wiedersehn, ach, lieber Mai, wie gerne einmal spazieren gehn!

Zwar Wintertage haben wohl
auch der Freuden viel,
man kann im Schnee eins traben
und treibt manch Abendspiel,
baut Häuserchen von Karten,
spielt Blindekuh und Pfand;
auch gibt's wohl Schlittenfahrten
aufs liebe freie Land.

L'INVERNO È PASSATO

Aus dem Tessin (Schweiz)
Textübertragung: Hans Baumann

Der Winter ist vorüber, vorbei ist der April,
im Maien heimgekommen der Kuckuck bleibt nicht still.
Kuckuck, Kuckuck, vorbei ist der April...

HÄSCHEN IN DER GRUBE

„Häschen, vor dem Hunde hüte dich, hüte dich!"
Hat gar einen scharfen Zahn, packt damit das Häschen an.
„Häschen, hüpf! Häschen, hüpf! Häschen, hüpf!"

KUCKUCK, KUCKUCK

Weise: aus Österreich
Worte: Hoffmann von Fallersleben, 1798—1874
Satz: Karl Heinz Taubert

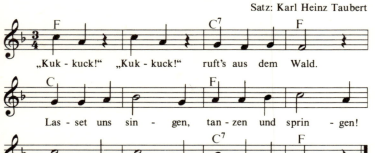

„Kuk - kuck!" „Kuk - kuck!" ruft's aus dem Wald.
Las - set uns sin - gen, tan - zen und sprin - gen!
Früh - ling, Früh - ling wird es nun bald.

Kuckuck, Kuckuck läßt nicht sein Schrein.
Kommt in die Felder, Wiesen und Wälder!
Frühling, Frühling, stelle dich ein!

Kuckuck, Kuckuck, trefflicher Held!
Was du gesungen, ist dir gelungen!
Winter, Winter räumet das Feld.

EIN VOGEL WOLLTE HOCHZEIT MACHEN

Volkstümlich aus Schlesien
Satz: Karl Heinz Taubert

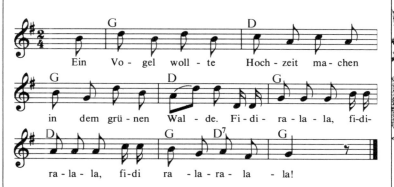

Ein Vogel wollte Hochzeit machen
in dem grünen Walde. Fidiralala, fidiralala, fidi ralaralala!

Die Drossel ist der Bräutigam,
die Amsel ist die Braute. Fidiralala...

Die Lerche, die Lerche,
die bringt die Braut zur Kerche.

Der Auerhahn, der Auerhahn,
der ist der würd'ge Herr Kaplan.

Die Gänse und die Anten,
das sind die Musikanten.

Brautmutter ist die Eule,
nimmt Abschied mit Geheule.

Der Uhu, der Uhu,
der macht die Fensterläden zu.

Nun ist die Vogelhochzeit aus,
und alle ziehn vergnügt nach Haus.

Frühlingsblumen, sehnsüchtig erwartet, freudig begrüßt. Noch lange bevor die Knospen an Sträuchern und Bäumen grün werden, zeigen sie an, daß die Erde unter Kälte und Schnee nicht erstorben ist. Sie sind das erste sichtbare Zeichen der Auferstehung: Osterblumen. Zu Zeiten unserer Vorväter erwartete man von den ersten, aufgefundenen, wildwachsenden Frühlingsblumen aber noch mehr als nur ein Zeichen wiederkehrenden Lebens. In weit zurückliegender Zeit sahen die Leute in den Blüten und Pflanzen des Frühlings Wesen, die eine Seele hatten, die mit besonderen Kräften ausgestattet waren, mit dämonischen Kräften im guten Sinne. Dieses schützenden, abwehrenden Zaubers konnte man habhaft werden, wenn man nur wußte, wann und wie man ihn anwenden mußte.

Nun ist unbestritten, daß viele Pflanzen und Kräuter große Heilkraft haben, auf die man sich endlich wieder besinnt, jetzt, nachdem die chemischen Medikamente über Jahrzehnte hin geradezu angebetet worden sind, bevor man ihre Nebenwirkungen und Nachwirkungen erkannte.

Andererseits, wenn ich in meinem Garten vor den ersten Schneeglöckchen stehe, dann brauche ich mich nicht erst zu fragen, ob ich es fertigbrächte, sie auszugraben und sie samt Knollen den Kühen unter das Futter zu mischen, selbst wenn ich Kühe hätte. Die Slowaken tun es noch heute, damit die bösen Zauberinnen den Tieren die Milch nicht wegnehmen. Mittelalterlicher Aberglaube also gegen Aufklärung und Fortschritt?

Wieviel neue Probleme, lebensbedrohlichere, haben Aufklärung und Fortschritt mit sich gebracht. Ihnen gegenüber erscheint der Aberglaube unserer Vorväter wie eine Lappalie. Wem schadet es, wenn es heißt, daß man das erste Buschwindröschen, Anemone nemorosa, das man im Frühjahr findet, abpflücken und dabei sagen soll: Ich will dich gegen das dreitägige Fieber gebrauchen? Es ist kein geringerer als der Römer Plinius gewesen, der in seiner Naturgeschichte dazu rät. Und darüber hinaus empfiehlt er, die Blüte dieses Buschwindröschens in ein rosafarbenes Tüchlein zu stecken, im Schatten aufzubewahren und sich, wenn es nötig werden sollte, umzubinden. Das schreibt Plinius im ersten Jahrhundert nach Christi Geburt. Die Bauern in Hinterpommern und Mecklenburg kennen die Zauberkraft der Anemone ebenfalls. Sie nennen sie Österchen, weil sie um Ostern blüht. Sie gehen auch noch einen Schritt weiter als Plinius. Sie sagen, daß man die drei ersten Anemonenblüten essen müsse, dann bleibe man das ganze Jahr über von Fieber verschont. Haben die Bauern in Hinterpommern und Mecklenburg sich auf Latein verstanden und etwa Plinius gelesen? Gewiß nicht. Aber es gab im 16. und 17. Jahrhundert viele Kräuterbücher, die ihr Wissen aus dem Altertum bezogen. Sie wurden von Mönchen ins Deutsche übersetzt und sind in Flugschriften unter das Volk gebracht worden. Es fand sich immer einer, der lesen konnte und aufmerksame Zuhörer hatte. Die Leute auf dem Land haben die Ratschläge besonders nachdenklich beherzigt, weil ihnen ein Medikus nur selten mit seinem Rat zur Seite stand, im Gegensatz zu den Stadtbewohnern. Also mußte vorbeugend alles unternommen werden, was für Gesundheit und Leben nützlich und erhaltend sein konnte.

Zu den allerersten Blüten in der Frühlingszeit gehören das Gänseblümchen und die Schlüsselblumen. Von beiden ist eine Menge zu berichten. Da sich aber die ersten Gänseblümchen auf den Wiesen noch früher zeigen als die Schlüsselblumen, soll zuerst von ihnen die Rede sein.
Der Volksmund vergleicht die einfachen weißen Blüten mit den Gänsen, die nicht selten auf einem Bein stehend anzutreffen sind, wenn sie auf der Gänseweide ihr Gefieder putzen, gehütet von der Gänseliesel. Hübscher als dieser Name sind die anderen: Maßlieb, Tausendschön, in Österreich auch Rockerl genannt, in Schweden Priesterkragen, in England

Tagesauge, woraus im Laufe der Jahre Daisy geworden ist. Kein Geringerer als Shakespeare besingt sie.
Goethe erhebt sie sogar zum Orakel. Im Zupf- und Fragespiel wird der kleinen Blüte ein Blättchen nach dem anderen ausgerissen: *Er liebt mich – er liebt mich nicht.*
Ein anderes Orakel geht so:

> *Ledig sein,*
> *Hochzeit han,*
> *in's Klösterle stahn,*
> *schwarzer Schrein.*

Im Bistum Speyer wurden die kleinen weißen Blüten Maassüßeln genannt und im Paradiesgärtlein des Jahres 1588 bereits Tausendschön und Floramor. Die Franzosen nannten sie Silberschild oder Marguerite, was Perle bedeutet.
Eine ritterliche Huldigung besonderer Art empfing die Tochter Franz I. von Frankreich, die sich mit Prinz Emanuel Philibert von Savoyen vermählte. Sie hieß Margarethe, und als sie savoyischen Boden betrat, wurde ihr im Namen ihres Gemahls ein Blumenkorb überreicht, der aus Gold und Juwelen gearbeitet war. Er war über und über mit den kleinen weißen Blüten der Margeriten angefüllt.
Ludwig IX., der Heilige, der 1270 auf einem Kreuzzug gestorben ist, trug einen Ring aus einer Girlande von Lilien und Margeriten, Margeriten, die wir hierzulande nur Gänseblümchen nennen.
Wenn ich heute über die Wiesen gehe, suche ich oft vergebens nach ihnen. Wo sind sie eigentlich geblieben, diese kleinen weißen, unscheinbaren Blüten, die in ganzen Plätzen auf den Wiesen standen? Die so unverwüstlich zu sein schienen und die uns das erste Zeichen vom Frühling gaben. Haben sie den Unkrautvernichtern unserer Zeit doch nicht standhalten können, obwohl sie dem Jesusknaben ihr Entstehen verdanken?
Die Legende erzählt nämlich, daß die Mutter Maria zur Winterszeit ihrem kleinen Sohn ein paar Reste und Schnipsel von jener Leinwand zum Spielen gab, aus der sie für ihn neue Hemdchen zugeschnitten hatte. Der Knabe nahm eine Schere und schnitt kleine weiße Blüten daraus. Und ehe es sich seine

Mutter versah, lief er damit aus dem Haus und streute sie über Feld und Wiese. Draußen war es bitterkalt. Kaum aber hatten die ersten Sonnenstrahlen die Erde erwärmt, verwandelten sich die leinenen Blüten in Blumen, die so sehr geliebt werden und so viele Namen haben.

Von besonderem Frühlingszauber sind die Himmelschlüssel, auch Schlüsselblumen oder Primeln genannt. Ich meine nicht jene farbenfrohen Gewächse, die bereits um die Fastnachtszeit von den Gärtnereien in kleinen Töpfen angeboten werden. Ich meine die zartgelben Blüten, die zu Büscheln auf einem einzigen Stengel stehen und auf den Wiesen dem Schnee dicht auf den Fersen folgen. Primula bedeutet die Erste. Sie sind die ersten nicht, der leuchtendgelbe Huflattich blüht immer ein paar Tage eher. Aber was ist der Huflattich, mag er einen noch so wirksamen Hustentee abgeben, gegen eine Wiese voller Himmelschlüssel, über der ein strahlendblauer Frühlingshimmel steht? Die Schlüsselblumen sind zwar in ganz Europa verbreitet, aber in den nördlichen Regionen viel häufiger anzutreffen als in den südlichen. Die Eskimos zum Beispiel kennen sie besser als die Leute in Süditalien. Die Schlüsselblume ist in Sibirien zu Hause, und bei den Vorvätern unserer englischen Nachbarn stand sie im höchsten Ansehen.
Nach dem Gesetz der alten keltischen Götter mußten die Priester fastend und mit entblößten Füßen sammeln gehen. Auch mußten sie die Blüten unbetrachtet in ihren Gewändern verbergen, damit nichts von der Heilkraft verlorenginge. Zudem war es geboten, die Schlüsselblumen vor dem Neumond zu pflücken, weil sonst die heilende Wirkung des ausgepreßten Saftes nicht zu erhalten wäre.
Nach einer Sage unserer eigenen Vorväter war die Schlüsselblume eben nicht nur eine Blume, vielmehr sollte sie wahrhaftig ein Schlüssel sein, mit dem sich geheimnisvolle Schätze finden ließen. Nur, wie es so ist, wenn ein Mensch plötzlich Gold, Silber und Edelsteinen gegenübersteht, er legt den Schlüssel beiseite, nimmt und nimmt und taumelt vor Glück. Im Hinausgehen vergißt er das Beste, den Schlüssel, mit dem er die Tür zu den Schätzen aufgeschlossen hat.

In der Schweiz heißen die Schlüsselblumen Madaun, und sie gelten als Blumen verschmähter Liebe. Andernorts heißen sie wieder Heiratsschlüssel, und jenes Mädchen, daß um Ostern herum die ersten Himmelschlüssel findet, wird im selben Jahr noch Braut. So unterschiedlich ist das.
Im Niederdeutschen werden die Schlüsselblumen Karkenslötel genannt, was Kirchenschlüssel heißt. Und außerdem waren sie in früheren Zeiten „der armen Leute Wetterglas", weil alle, die sich weder einen hundertjährigen Kalender und schon gar kein Barometer leisten konnten, auf die Zeiten in der Natur achten mußten. Sobald sich die Blüten der Himmelschlüssel schlossen, mußte mit Regen gerechnet werden.
Von diesem österlichen Frühlingsboten wird in einem alten Reisebuch berichtet. Englischen Auswanderern wären eines Tages körbeweise Himmelschlüssel aus der Heimat nach Australien geschickt worden. Sie sollen einen Ansturm unter den Ausgewanderten ausgelöst haben, denn jeder wollte in der Fremde einen einzigen Himmelschlüssel mit nach Hause nehmen als Sinnbild für die Heimat, für den Frühling in England.

Der dritte österliche Frühlingsblüher nach Gänseblümchen und Himmelschlüssel ist das Veilchen. Es hat unter den österlichen Blumen immer einen besonderen Platz eingenommen. Zum einen des lieblichen Duftes wegen — weshalb es die alten Perser Rosenprophet nannten —, zum anderen aber wegen seiner Farbe: Violett ist die Farbe der Passion, der Leidenszeit.
Sage und Dichtung haben sich des Veilchens angenommen. Im Orient heißt es, Adam wäre nach der Vertreibung aus dem Paradies auf den höchsten Berg von Ceylon herniedergestürzt. Aus den Tränen seiner Reue wuchsen in hundert Jahren die großen Bäume Indiens empor. Endlich erbarmte sich Gott seiner und schickte ihm den Engel Gabriel, der ihm Gnade verkündete. Darauf waren es nicht Tränen der Reue, die Adam vergoß, sondern der Freude, und aus diesen Tränen wuchsen die duftenden Veilchen über die ganze Welt.
Für mich ist das erste aufgeblühte Veilchen im Garten von besonderer Bedeutung. Ich wage nicht, es zu pflücken, aber ich

sehe es mir jeden Tag an. Und immer denke ich an die Veilchen zwischen dem Efeu an der Friedhofsmauer, die ich gesucht und gepflückt habe, wenn ich als Kind zum Grab meiner früh verstorbenen Schwester gegangen bin. Ich habe den Duft wieder in der Nase, der vom aufbrechenden Grün an Bäumen und Sträuchern in der Luft lag, und gleichzeitig den Geruch von moderndem Laub. Passion, Leidenszeit, Ostern, Auferstehung.

Seltsam ist, daß mit den Veilchen immer Glück und Leid verbunden bleibt.

Der Sage nach pflückte Proserpina im Tale von Enna viele Veilchen, die sie Jupiter schenken wollte, den sie leidenschaftlich liebte. Dabei wurde sie von Pluto geraubt, dem Herrscher der Unterwelt. Erschrocken ließ Proserpina die Blüten fallen, und aus dem Tal von Enna breiteten sich die Veilchen in Fülle über ganz Sizilien aus. Sie nahmen eine dunkelviolette Farbe an aus Trauer darüber, daß Proserpina ihre Liebe verloren hatte und Pluto in die Unterwelt folgen mußte. Von diesem Augenblick an werden sie die Veilchen der Proserpina genannt. Nun mag die Sage eine Sage bleiben, aber nirgendwo habe ich solche Berge von kandierten Veilchenblüten gesehen wie in den Cafés auf Sizilien.

Nach einer Kosakensage sollen die ersten Veilchen am Fuße des Kreuzes auf Golgota aufgeblüht sein, violette Veilchen, wie man sich denken kann.

In Frankreich galten weiße Veilchen als besonders heilkräftig. Der Mantelsaum der Mutter Gottes soll sie berührt haben. Aber auch die violetten Veilchen waren dort seit jeher beliebt. Als Kaiserin Josephine zur Krönung nach Notre-Dame kam, überreichte Napoleon der vielgeliebten Frau einen Strauß dunkelblauer Veilchen. In der Mitte dieses Straußes steckte aus weißen Veilchen ein J für Josephine und darüber eine weiße Veilchenkrone. Napoleon schenkte ihr an jedem Hochzeitstag einen großen Veilchenstrauß. Selbst dann noch, als er sich von ihr getrennt hatte, um die Tochter der österreichischen Kaiserin Maria Theresia zu heiraten. Josephines Grab in Malmaison deckte ein Veilchenteppich, und Napoleon pflückte sich zwei Blüten davon ab, bevor er sich auf das Schiff begeben mußte, das ihn in die Verbannung nach St. Helena brachte.

Napoleon, der Europa das Zittern gelehrt hatte, trug diese beiden Veilchen zusammen mit der Haarlocke seines Sohnes in einem goldenen Medaillon auf der Brust, als er sich zum Sterben hinlegte.

Glück, Trauer, Passion, sie sind immer wieder mit den Veilchen verbunden. Auch Friedrich Wilhelm III. von Preußen ließ das Bild seiner Frau, der hochverehrten Königin Luise, immer wieder mit Veilchen umkränzen. Dazu kam Lorbeer, als dieser geschlagene preußische König am 10. März 1813 das Eiserne Kreuz in Auftrag gab: Auszeichnung für seine Untertanen, die bereit waren, Leib und Leben für die Freiheit Preußens gegen Napoleon einzusetzen.

Als ich heute durch den Garten gegangen bin, habe ich die ersten Veilchenknospen hinter der Winterheide entdeckt. Auch haben die ersten Osterglocken ihre leuchtendgelbe Farbe erkennen lassen, während ringsum noch die Krokusse in voller Blüte stehen und die Hyazinthen ihre zopfigen Blütenstände treiben.

Alle miteinander sind sehnlichst erwartete Frühlingsblumen. Wobei von den Krokussen zu sagen ist, daß sie in den Klostergärten von den Mönchen gezogen worden sind, um Safran aus den Blütenständen zu gewinnen.

Wer will guten Kuchen backen, der muß haben sieben Sachen: Eier und Schmalz, Zucker und Salz, Milch und Mehl, Safran macht den Kuchen gehl.

Gelegentlich verwende ich auch Safran in der Küche, finde aber, daß er wirklich nur färbt und keinerlei Geschmack hat. Deshalb kann ich es mir einfach nicht erklären, warum mir die Karnickel in jedem Jahr so viele Krokusse abfressen. Für ihre Zungen muß noch etwas besonders Schmackhaftes in diesen wohlgeformten Blüten zu finden sein.

Der Frühlingsblume Tulipan müßte man ein ganzes Kapitel widmen, so viel wäre von ihr zu erzählen. Wo stammt die Tulpe her, welchen Weg hat sie zurückgelegt, bis sie in unsere Gärten gekommen ist? Die einen sagen, sie ist Perserin. Und Hafis, der persische Dichter, besingt sie so:

Seht, o seht die Tulpenstengel,
diese frechen Ketzerlein,
heben ihre bunten Becher
und begehren Trunk und Wein!

Das ist freilich noch kein Beweis. Es gibt genug ernsthafte Leute, die behaupten, die Heimat der Tulpe ist die nogaische Steppe, wo die Tataren ihr Reich gegründet haben.

„Die weiten Flächen", so liest es sich in einem alten Buch, „sind im Hochsommer von der Glut der Sonne versengt, die Vegetation im Wintersturm erstarrt. Die Erde liegt farblos da und klafft in breiten Spalten auf. Da naht der erste Lenzeshauch mit erquickendem Regen; das graue Leichentuch wandelt sich zu einem buntfarbigen Blüthenteppich... Wo die wilden Schaaren der Tartaren hinziehen, die Nomaden ihre Heerden weiden, der Wolf vor dem Speer des Hirten flieht und am nächtlichen Lagerfeuer die Mährchen und Sagen aus grauer Vorzeit erklingen: dort ist das Heimathland jener Blume... Die Tulpe der Steppe ist brennend roth, am Grunde jedes Blattes ist sie mit einem schwarzen Fleck gestempelt."

In unseren Gärten waren die ersten Tulpen um die Mitte des 16. Jahrhunderts zu bewundern. Die Kaufleute Fugger in Augsburg besaßen sie. Auch in Wien faßten sie Fuß, wo Tulpenliebhaber die Knollen für erhebliche Summen aus der Türkei beschaffen ließen. Schließlich nahmen sich die holländischen Kaufleute der Sache an. In der Mitte des 17. Jahrhunderts war Holland die überragende Handelsmacht in Europa, und bei unseren niederländischen Nachbarn hat es um diese Zeit eine wahre Tulpomanie gegeben. Mit den unscheinbaren Zwiebeln ist spekuliert worden. An ihnen sollen Menschen reich, andere an den Bettelstab gekommen sein. Es wurde zum Beispiel für eine einzige Zwiebel der Sorte „Semper Augustus" ein Preis von dreizehntausend Gulden gezahlt. Für eine „Vice Roi" wurden als Gegenlieferung vereinbart: Zwei Last Weizen, vier Last Roggen, vier fette Ochsen, acht Ferkel, zwölf Schafe, dazu Wein und Bier, fässerweise Butter und Käse, Kleider und ein silberner Becher.

Eines Tages war der Höhepunkt dann überschritten. Lange

wollte niemand mehr etwas von Tulpen wissen. Aber die holländischen Gärtner blieben den Tulpen treu, zu ihrem Nutzen. Wer kann denn im Herbst an den buntbedruckten kleinen Tüten vorübergehen, in denen sechs oder acht Zwiebeln stecken, die alle, in die Erde gepflanzt, im Frühling farbenfrohes Glück verheißen.

Ich weiß, daß zu den Frühlingsblumen noch viele zu zählen sind. Leberblümchen, Wiesenschaumkraut, Vergißmeinnicht und wie sie alle heißen. Um aber das Osterfest nicht ganz aus den Augen zu verlieren, soll an die Passionsblume erinnert werden. Sie ist keine Frühlingsblume und gedeiht nur bei liebevoller Pflege. Etwa in einer breiten Fensternische, wie sie in alten Häusern, Bauernhäusern vor allem, noch zu finden ist. Dort, wo sie das ganze Jahr in Ruhe stehen, wachsen und ihre Blüten entwickeln kann.

Nie werde ich vergessen, wie mir meine Mutter die sternweiße Blüte der Passionsblume erklärt hat: Die Nägel, das Kreuz, der Schwamm, die Marterwerkzeuge und die Geißel. Die Pflanze selbst war mit ihren dünnen Zweigen an ein paar Holzstäben wie zu einer Dornenkrone gewunden worden. Ich habe das seit meiner Kindheit nicht vergessen und mir immer gewünscht, eine Passionsblume zu besitzen, eine, die ich zum Blühen bringe. Aber es ist nichts daraus geworden. Sie sind bei uns aus der Mode gekommen, wie alles, was an Leiden, an Passion denken läßt.

Und dann ist sie mir plötzlich auf einem Spaziergang in Zypern begegnet. Sie war leuchtend blau, handtellergroß, überwältigend schön. Die Pflanze rankte sich an alten silbergrauen Olivenbäumen empor. Sie hatte Knospen über Knospen. Ich drehte mich in südwestliche Richtung. Bis Jerusalem und Golgota mochten es dreihundertfünfzig Kilometer Luftlinie sein.

Aber nicht in der näheren oder weiteren Umgebung Jerusalems hat die Passionsblume ihren Namen erhalten, sondern in Italien. Signore Ferrari vergleicht bereits in einem Blumenbuch von 1633 ihre Blütenteile mit den Marterwerkzeugen von Jesus und nennt sie Passiflora. Auch soll die erste Passiflora durch einen Jesuiten nach Europa gekommen sein, nach Bologna, im Jahre

1609. Andere Quellen berichten, ein frommer Spanier habe sie bereits im Jahre 1568 Papst Pius V. zugeschickt. Das erscheint durchaus glaubwürdig. Die Spanier haben die Passionsblume im tropischen Amerika entdeckt, in den Tempeln der Inkas, die sie durchsuchten und zerstörten in ihrer Gier nach Gold.

In Brasilien und Peru ist sie zu Hause. Von dort ist sie nach Europa gekommen, wo sie am besten in Südeuropa gedeiht. Aber da ich sie auch auf Zypern entdeckt habe, meine ich, sie findet überall dort ein Plätzchen sich anzusiedeln, wo es warm ist und wo es für sie ein bißchen Schatten gibt.

In ihrer Heimat, wo sie gut gedeiht, trägt sie wohlschmeckende Früchte, die als Obst gegessen oder zu Saft ausgepreßt werden. Maracuja heißt der Saft und war vor ein paar Jahren bei uns große Mode, sehr zu Recht.

Zum Schluß soll von Blüten die Rede sein, die in jedem Frühjahr an einem Strauch aufblühen, der sich zum Baum auswachsen kann. Neben meinem Gartentor steht ein solches Exemplar, fünfzehn Meter hoch. Die Rede ist vom Weißdorn. Ich habe lange Zeit nichts von der Bedeutung seiner Blüten gewußt. Vielleicht deshalb, weil nicht gerade ein Wohlgeruch von diesem Baum ausgeht. Inzwischen kenne ich die Geschichte des Weißdorns, und wenn ich auch nicht alles erzählen will, so soll doch gesagt sein, daß bereits die Griechen ihn als Keuschbaum verehrten und daß er beim Tempel des Äskulap stand, dem Gott der Heilkunde.

Im alten Griechenland wurden Braut und Bräutigam bei der Hochzeit mit Kränzen aus Weißdorn geschmückt. Seine Blüten sollten nicht nur glückbringend sein, sie waren auch Sinnbild der Liebe und Treue. Auch wurde der Weißdorn immer benützt, wenn es galt, heilige Feuer anzubrennen. Kein Holz soll eine reinere und keuschere Flamme geben.

Bei den Römern war es Sitte, jedes Haus, in dem eine Braut wohnte, mit blühenden Weißdornzweigen zu umkränzen. Und die jungen Mädchen aus der Nachbarschaft brachten der Braut einen Korb voller Weißdornblüten, damit der jungen Ehe kein Unglück widerfahren sollte.

Nach Griechen und Römern sind ja stets die Kelten dran. Sie

verehrten den Weißdorn ebenfalls. Nach ihrem Glauben ist der Weißdorn aus dem Blitz entsprungen, und seine Zweige bewahren ein heiliges Feuer. Im alten England hieß es, und in Irland heißt es auch heute noch so, daß es nicht gut ist, von einsam stehenden Weißdornbäumen Zweige abzupflücken oder auch nur ein einziges Blatt. Der Weißdorn steht nämlich in besonderer Gunst der Feen. Sie suchen ihn sich nicht selten als Wohnort aus.

Aber nicht deshalb habe ich das alles erzählt, sondern weil sein alter Name Kreuzdorn gewesen ist, Spina cervina. Deshalb nämlich, weil die Leute angenommen haben, daß aus seinen Zweigen die Dornenkrone Christi geflochten gewesen sei. In Kräuterbüchern aus dem 13. Jahrhundert heißt der Weißdorn Crux Christi, und dieser Name war von der Ostsee bis in die Schweiz bekannt. Inzwischen weiß man längst, daß die Dornenkrone, die Jesus auf seinem Weg nach Golgota tragen mußte, nicht von unserem Weißdorn stammt, sondern von einem Dornenbusch, der in Palästina wächst: Zizyphus spina Christi, den man auch Judendorn nennt.

Doch im Laubloch und im Nest der Zäune lag sein feuerbuntes Ei

Im neunten Kapitel
sind Verse und Gedichte zum
christlichen Ostergeschehen
gesammelt, Gedichte vom
Frühling und vom Osterhasen
zum Kennenlernen, Wiederlesen,
Nachdenken und Freuen.

Was für die Osterlieder gilt, läßt sich auch von den Ostergedichten sagen. Danach gefragt, denkt jeder zuerst an Frühlingsgedichte, und es sind dann ein oder zwei Zeilen, die hergesagt werden. Sie müssen nicht einmal zu ein und demselben Gedicht gehören. Sie sind einem eben so hängengeblieben, von Eltern, Geschwistern oder aus dem Unterricht.

„Die linden Lüfte sind erwacht … ", „Frühling läßt sein blaues Band wieder flattern durch die Lüfte".

Mit diesen beiden Zeilen soll die Parallele zu den Weihnachtsgedichten hergestellt werden. Ich behaupte nicht, daß die linden Lüfte und der Frühling, der sein blaues Band flattern läßt, ebenso prompt dahergesagt werden wie der Gedichtanfang „Von drauß' vom Walde komm ich her". Aber das hat nun wieder damit zu tun, daß Weihnachten ein Gabenfest ist und daß in der winterlichen Zeit sich jeder mehr auf sich besinnt und im Gehäuse bleibt als im Frühling, wenn alles hinausdrängt. Überall beginnt neues Leben, überall ist Auferstehung. Seltsam ist auch, wie wenig Gedichte von der Auferstehung Christi bekannt sind.

Diese Auswahl von Frühlingsgedichten und Ostergedichten will manches Vergessene wieder ins Gedächtnis rufen.

Das heilige Ostern hat sich uns heute geoffenbart,
Ostern,
das geheimnisvolle,
das altehrwürdige und immer neue,
Christus, unser Erlöser,
das reine heilige Osterlamm,
das Osterlamm der Gläubigen.
Es schließt uns die Türen des Paradieses auf,
es heiligt alle Gläubigen.

Es ist Ostern!
Laßt uns mit Freude einander umarmen!
Es ist Ostern!
Die Erlösung von Schmerzen und Tod!

Aus dem Grab wie aus dem Palast hervorleuchtend,
hat Christus die Frauen mit Freude erfüllt,
da er sagte:
„Verkündigt es den Jüngern!"

Es ist der Tag der Auferstehung.
Laßt uns durchstrahlt werden vom Jubel
und einander umarmen!
Laßt uns, ihr Brüder, Bruder sagen auch zu denen,
die uns hassen!

Verzeihen wir uns alles um der Auferstehung willen
und rufen wir:
„Christus ist auferstanden vom Tode,
durch seinen Tod hat er den Tod überwunden!"

Hymnus der Ostkirche

Joseph von Eichendorff

OSTERN

Vom Münster Trauerglocken klingen,
vom Tal ein Jauchzen schallt herauf.
Zur Ruh sie dort dem Toten singen,
die Lerchen jubeln: Wache auf!
Mit Erde sie ihn still bedecken,
das Grün aus allen Gräbern bricht,
die Ströme heil durchs Land sich strecken,
der Wald ernst wie in Träumen spricht.
Und bei den Klängen, Jauchzen, Trauern,
so weit ins Land man schauen mag,
es ist ein tiefes Frühlingsschauern
als wie ein Auferstehungstag.

Angelus Silesius

Das Kreuze bringet Pein, das Kreuze bringet Freud',
Pein einen Augenblick und Freud' die Ewigkeit.

Martin Luther

CHRIST LAG IN TODESBANDEN

Christ lag in Todesbanden,
für unsere Sünd' gegeben,
der ist wieder erstanden
und hat uns bracht das Leben.
Des wir sollen fröhlich sein,
Gott loben und dankbar sein
und singen Halleluja.
Halleluja.

Den Tod niemand zwingen konnt
bei allen Menschenkindern;
das macht alles unsre Sünd;
kein Unschuld war zu finden.
Davon kam der Tod so bald
und nahm über uns Gewalt,
hielt uns in sein'm Reich gefangen.
Halleluja.

Jesus Christus, Gottes Sohn,
an unser Statt ist kommen
und hat die Sünd' abgetan,
damit dem Tod genommen
all sein Recht und sein Gewalt;
da bleibt nichts denn Tods Gestalt,
den Stachel hat er verloren.
Halleluja.

Es war ein wunderlich Krieg,
da Tod und Leben rungen;
das Leben behielt den Sieg,
es hat den Tod verschlungen.
Die Schrift hat verkündet das,
wie ein Tod den andern fraß,
ein Spott aus dem Tod ist worden.
Halleluja.

Hie ist das recht Osterlamm,
davon wir sollen leben,
das ist an des Kreuzes Stamm
in heißer Lieb gegeben.
Des Blut zeichnet unsre Tür,
das hält der Glaub dem Tod für,
der Würger kann uns nicht rühren.
Halleluja.

So feiern wir das hoh' Fest
mit Herzensfreud und Wonne,
das uns der Herr scheinen läßt.
Er ist selber die Sonne,
der durch seiner Gnaden Glanz
erleuchtet unsre Herzen ganz;
der Sünden Nacht ist vergangen.
Halleluja.

Wir essen und leben wohl
zum süßen Brot geladen,
der alte Sauerteig nicht soll
sein bei dem Wort der Gnaden.
Christus will die Kost uns sein
und speisen die Seel allein;
der Glaub will keins andern leben.
Halleluja.

Rose Ausländer

APRIL

Da kommt er
wirft Luftlappen ins Gesicht
drückt Sonne auf den Rücken
lacht überlaut wickelt den
Park in grünen Taft zerreißt
ihn wieder stellenweise
pufft die Kinder spielt mit den
Röcken erschreckter Gouvernanten
drückt alle Regenhebel
macht los die Nordhunde von den Ketten und
läßt sie laufen nach Windlust
Ein toller Geselle
eine Art Eulenspiegel
auch gangsterhafte Gesten hat er
     (ja ja mein Lieber du
     machst es uns nicht leicht
     dich liebzuhaben)

und doch und doch
im großen und ganzen
ein prächtiger Kerl
dieser April

Theodor Fontane

FRÜHLING

Nun ist er endlich kommen doch
in grünem Knospenschuh:
„Er kam, er kam ja immer noch",
die Bäume nicken sich's zu.

Sie konnten ihn all erwarten kaum,
und treiben sie Schuß auf Schuß;
im Garten der alte Apfelbaum,
er sträubt sich, aber er muß.

Wohl zögert auch das alte Herz
und atmet noch nicht frei,
es bangt und sorgt: „Es ist erst März,
und März ist noch nicht Mai."

O schüttle ab den schweren Traum
und die lange Winterruh:
Es wagt es der alte Apfelbaum,
Herze, wag's auch du.

Johann Wolfgang Goethe

FAUST UND WAGNER

FAUST: Vom Eise befreit sind Strom und Bäche
durch des Frühlings holden, belebenden Blick,
im Tale grünet Hoffnungsglück;
der alte Winter, in seiner Schwäche,
zog sich in rauhe Berge zurück.
Von dorther sendet er, fliehend, nur
ohnmächtige Schauer körnigen Eises
in Streifen über die grünende Flur;
aber die Sonne duldet kein Weißes:
überall regt sich Bildung und Streben,
alles will sie mit Farben beleben;
doch an Blumen fehlts im Revier:
Sie nimmt geputzte Menschen dafür.
Kehre dich um, von diesen Höhen
nach der Stadt zurückzusehen!
Aus dem hohlen, finstern Tor
dringt ein buntes Gewimmel hervor.
Jeder sonnt sich heute so gern.
Sie feiern die Auferstehung des Herrn;
denn sie sind selber auferstanden:
aus niedriger Häuser dumpfen Gemächern,
aus Handwerks- und Gewerbesbanden,
aus dem Druck von Giebeln und Dächern,
aus der Straßen quetschender Enge,
aus der Kirchen ehrwürdiger Nacht
sind sie alle ans Licht gebracht.
Sieh nur, sieh! wie behend sich die Menge
durch die Gärten und Felder zerschlägt,
wie der Fluß in Breit und Länge
so manchen lustigen Nachen bewegt,
und, bis zum Sinken überladen,
entfernt sich dieser letzte Kahn.
Selbst von des Berges fernen Pfaden
blinken uns farbige Kleider an.

Ich höre schon des Dorfs Getümmel,
hier ist des Volkes wahrer Himmel,
zufrieden jauchzet groß und klein:
„Hier bin ich Mensch, hier darf ichs sein!"

WAGNER: Mit Euch, Herr Doktor, zu spazieren
ist ehrenvoll und ist Gewinn;
doch würd' ich nicht allein mich herverlieren,
weil ich ein Feind von allem Rohen bin.
Das Fiedeln, Schreien, Kegelschieben
ist mir ein gar verhaßter Klang;
sie toben, wie vom Bösen Geist getrieben,
und nennen's Freude, nennen's Gesang.

Hermann Hesse

VOLL BLÜTEN

Voll Blüten steht der Pfirsichbaum,
nicht jede wird zur Frucht,
sie schimmern hell wie Rosenschaum
durch Blau und Wolkenflucht.

Wie Blüten gehn Gedanken auf,
hundert an jedem Tag —
laß blühen! laß dem Ding den Lauf!
frag nicht nach dem Ertrag!

Es muß auch Spiel und Unschuld sein
und Blütenüberfluß,
sonst wär' die Welt uns viel zu klein
und Leben kein Genuß.

Hugo von Hofmannsthal

VORFRÜHLING

Es läuft der Frühlingswind
durch kahle Alleen,
seltsame Dinge sind
in seinem Wehn.

Er hat sich gewiegt,
wo Weinen war,
und hat sich geschmiegt
in zerrüttetes Haar.

Er schüttelte nieder
Akazienblüten
und kühlte die Glieder,
die atmend glühten.

Lippen im Lachen
hat er berührt,
die weichen und wachen
Fluren durchspürt.

Er glitt durch die Flöte
als schluchzender Schrei,
an dämmernder Röte
flog er vorbei.

Er flog mit Schweigen
durch flüsternde Zimmer
und löschte im Neigen
der Ampel Schimmer.

Es läuft der Frühlingswind
durch kahle Alleen,
seltsame Dinge sind
in seinem Wehn.

Durch die glatten
kahlen Alleen
treibt sein Wehn
blasse Schatten.

Und den Duft,
den er gebracht,
von wo er gekommen
seit gestern nacht.

Friedrich Wilhelm Weber

ES WÄCHST VIEL BROT IN DER WINTERNACHT

Es wächst viel Brot in der Winternacht,
weil unter dem Schnee frisch grünet die Saat;
erst wenn im Lenze die Sonne lacht,
spürst du, was Gutes der Winter tat.

Und deucht die Welt dir öd und leer
und sind die Tage dir rauh und schwer,
sei still und habe des Wandels acht:
es wächst viel Brot in der Winternacht.

Theodor Storm

Die Kinder haben die Veilchen gepflückt,
all, all, die da blühten am Mühlengraben.
Der Lenz ist da; sie wollen ihn fest
in ihren kleinen Fäusten haben.

Peter Huchel

OSTERN IN ALT-LANGERWISCH

In den Ostern, da wir Kinder waren,
und im Traufenblech der Schnee zerschmolz,
sprang mit seinen Grannenhaaren
uns der Hase aus dem Holz.

Durch den Distelwust, die holz'gen Stoppeln,
und umknarrt vom Krähenpaar,
sahn wir ihn auf langen Läufen hoppeln,
der zerstruppt und wollig war.

Hinten wippte seine weiße Blume
und ein Ohr hing schief und lang.
Aus dem Maulwurfsschwarz der Ackerkrume
schoß der Krokus, wo er sprang.

An der Brache, von der Schmelze moorig
und noch ohne Löwenzahn,
saß er horchend hoch und löffelohrig,
schaute braun und gut uns an.

Nur die Haare zitterten am Barte,
Sonne plusterte das Fell.
Und er zuckte mit der Lippenscharte,
hörte er vom Dorf Gebell.

Plötzlich schlug er seinen Haken
ins Gestrüpp im Zickzacklauf,
riß den klammen Weidenzacken
goldbepelzte Knospen auf.

Rauhreif stäubte, dünn wie Kleie,
fegte er den Garten hart.
Und am Bärlapp, am Salbeie
strich er seinen nassen Bart.

Und wir hetzten über Strunk und Knollen
unterm Wind dem Hasen nach,
der sich duckte in den Lehm der Schollen
und durch Lattich raschelnd brach.

Dreimal jagte er uns um die Scheune
und verschwand wie Zauberei.
Doch im Laubloch und im Nest der Zäune
lag sein feuerbuntes Ei.

Eduard Mörike

AUF EIN EI GESCHRIEBEN

Ostern ist zwar schon vorbei,
also dies kein Osterei;
doch wer sagt, es sei kein Segen,
wenn im Mai die Hasen legen?
Aus der Pfanne, aus dem Schmalz
schmeckt ein Eilein jedenfalls,
und kurzum, mich tät's gaudieren,
dir dies Ei zu präsentieren,
und zugleich tät es mich kitzeln,
dir ein Rätsel drauf zu kritzeln.

Die Sophisten und die Pfaffen
stritten sich mit viel Geschrei:
Was hat Gott zuerst erschaffen,
Wohl die Henne? wohl das Ei?

Wäre das so schwer zu lösen?
Erstlich ward ein Ei erdacht:
Doch weil noch kein Huhn gewesen,
Schatz, so hat's der Has gebracht.

Christian Morgenstern

DAS HÄSLEIN

Unterm Schirme, tief im Tann,
hab ich heut gelegen,
durch die schweren Zweige rann
reicher Sommerregen.

Plötzlich rauscht das nasse Gras —
stille, nicht gemuckt!
Mir zur Seite duckt
sich ein junger Has'...

Dummes Häschen,
bist du blind?
Hat dein Näschen
keinen Wind?

Doch das Häschen unbewegt,
nutzt, was ihm beschieden,
Ohren weit zurückgelegt,
Miene schlau zufrieden.

Ohne Atem lieg ich fast,
laß die Mücken sitzen;
still besieht mein kleiner Gast
meine Stiefelspitzen...

Um uns beide — tropf — tropf — tropf —
traut eintönig Rauschen...
auf dem Schirmdach — klopf — klopf — klopf...
und wir lauschen... lauschen...

Wunderwürzig kommt ein Duft
durch den Wald geflogen;
Häschen schnuppert in die Luft,
fühlt sich fortgezogen;

schiebt gemächlich seitwärts, macht
Männchen aller Ecken...
herzlich hab ich aufgelacht —
ei, der wilde Schrecken!

Von Palmarum zur Passion

Im zehnten Kapitel wird von Palmbuschen berichtet, von Palmeseln und Prozessionen, vom Ende der Fastenzeit, vom Gründonnerstag, von der Passion Jesu Christi in Jerusalem, von davongeflogenen Glocken und vom Ostersamstag, der auch Kaukenbackensamstag genannt wird.

Palmarum wird dieser Sonntag vor Ostern genannt, der zum Andenken an den Einzug Jesu in Jerusalem in jedem Jahr festlich begangen wird. Voller Freude, muß man dazu sagen. Palmarum-tralarum, obwohl dieser Sonntag die Karwoche einleitet, die stille Woche, die vielerorts auch schwarze Woche genannt wird, Marterwoche, Passionswoche, was Leidenswoche heißt. All diese Bezeichnungen sind richtig, denn Jesus ist der Weg des Martyriums vorbestimmt. Er weiß, daß er den Tod am Kreuz wird sterben müssen. Noch aber ist Palmsonntag. Das Volk, das ihm vorangeht, hat seine Kleider auf den Weg gebreitet und Zweige von den Palmen abgeschlagen und ebenfalls auf den Weg gelegt.

Am Tag darauf hörte die Volksmenge, die sich zum Fest eingefunden hatte, Jesus komme nach Jerusalem. Da nahmen sie Palmzweige, zogen hinaus, um ihn zu empfangen, und riefen: Hosanna! Gesegnet sei er, der kommt im Namen des Herrn, der König Israels!
Jesus fand einen jungen Esel und setzte sich darauf – wie es in der Schrift heißt: Fürchte dich nicht, Tochter Zion! Siehe, dein König kommt; er sitzt auf dem Fohlen einer Eselin.

Joh 12, 12—15

Hosanna dem Sohn Davids! Gesegnet sei er, der kommt im Namen des Herrn. Hosanna in der Höhe!

Mt 21, 9

Palmen und Kleider auf den Weg, es ist die höchste Form von Verehrung, mit der Menschen einen anderen auszeichnen.
Es bedeutet den Wunsch nach einem langen, nach ewigem Leben.

Diese Form von Verehrung ist im Orient lange erhalten geblieben. Als im Jahre 1869 der preußische Kronprinz auf seiner Reise zur Eröffnung des Sueskanals den Weg über Jerusalem nahm, wurden auch ihm bei seinem Einzug noch Palmen auf den Weg gebreitet, aber das nur nebenbei.

Zur Erinnerung an den Einzug Jesu in Jerusalem wird seit dem 6. Jahrhundert der Palmsonntag gefeiert. Was sich nicht nur dadurch ausdrückt, daß im Gottesdienst zum erstenmal die Passionsgeschichte gelesen wird, sondern durch die Weihe der Palmen. Nun ist es bereits seit langem gelungen, Palmen auch nördlich der Alpen zu ziehen, selbst wenn sie vor dem Winter in Gewächshäusern geschützt werden müssen. Palmen sind also nichts Besonderes, und wenn ich mich an meine Kindheit erinnere, so gab es keinen Sarg, auf dessen Deckel nicht ein Blumengebinde mit Palmenzweigen lag: Palmenzweige, Sinnbild des ewigen Lebens.

Diese Palmenzweige sind aber nicht gemeint, wenn vom Palm die Rede ist, der am Palmsonntag geweiht wird. Hiesige Palmen, oder einfach nur Palm, sind immergrüne Büsche, Buchsbaum, Wacholder, Ilex, auch Stechpalme genannt, es sind Haselzweige und vor allem die Zweige der Salweide. Die Salweide ist zwar noch nicht grün, aber dafür treibt sie auch nach dem härtesten Winter silbergraue Kätzchen, sobald ein paar Sonnenstunden die Luft milde und warm gemacht haben. Es gibt Gegenden, da redet niemand von Weidenkätzchen, nur von Palmkätzchen oder Palmkatzerln. In diesen Gegenden würde auch der strengste Forstbeamte nicht dagegen einschreiten, wenn die Leute sich Palm schneiden. Es sei denn, sie reißen ihn ab, und das sollte wirklich niemand tun.

Es ist vor allem Aufgabe der Jungen, den Palm zu holen, und ihr Ehrgeiz ist es auch, am Palmsonntag möglichst den schönsten und höchsten Palmbuschen zu haben und ihn in der Kirche weihen zu lassen.

Es gibt Orte im Alpenraum, die für ihre Palmweihen hochberühmt sind, so wie Lenggries in Oberbayern oder Sankt Wolfgang in Österreich. In Sankt Wolfgang findet die Palmweihe vor dem Postamt statt, bevor die sechs Meter hohen Palmstecken in die Kirche getragen werden wie in einer Prozession. Diese

Palmbuschen bestehen aus Wacholderzweigen. Sie sind mit bunten Bändern behangen und ragen aus einem Turm von aufgespießten Äpfeln hervor. Unter dem Apfelturm sind Stechpalmenzweige und Steineichenzweige festgebunden, und es ist ein bewegend schönes Bild, wenn die vielen Buschenträger zu beiden Seiten des Altars mit ihren hohen Palmstangen Aufstellung nehmen. Nach der Messe ist ja dann Eile geboten.
Die Palmbuschen müssen nämlich bis um zwölf Uhr auf die Felder gebracht sein, wo sie zum Schutz vor Hagel und bösen Geistern und zum Segen für eine gute Ernte aufgestellt werden. Von den geweihten Palmbuschen geht eine schützende Kraft auf Haus und Hof und alle Tiere aus, die dazugehören.
Dort, wo der Palmbusch vor allem aus Salweide besteht, ist es Sitte, drei von den silbernen Kätzchen zu essen, um vor Fieber und Rückenschmerzen sicher zu sein. Den Palmbusch von der Kirche weg unter den Hausgiebel zu stecken, schützt vor Feuer und Blitzschlag, dreimal damit um Haus, Hof und Stall gelaufen, wirkt als Bannkreis gegen Habicht und Fuchs, Ratten und Mäuse. So wie in manchen Gegenden an den hochaufgesteckten Palmbuschen Eier befestigt werden, Gebildbrote, kleine Kreuze und Heiligenbilder, so wird von seinem Stecken auch die Rinde abgeschält, damit sich nicht Hexenzauber zwischen Holz und Rinde einnisten kann. Es heißt auch, daß Wilderer ein paar Palmkätzchen in ihrem Gewehrkolben mit sich führen, damit ihnen kein Schuß danebengeht. Außerdem wird mit dem Palmbuschen das Vieh getrieben, wenn es zum erstenmal auf die Weide geht. All das ist freilich in Stadtwohnungen und Stadthäusern nicht so wichtig wie für die Leute auf dem Land, dennoch mögen auch ihre Bewohner nicht auf Palmbusch oder Palmkätzchen verzichten, und wenn es nur ein einziger Zweig ist. Sie haben andere Hoffnungen, andere Nöte und Zwänge und wollen an der schützenden Kraft der geweihten Palmen ihren Anteil haben.
Es mag ein Dutzend Jahre her sein, als ich einem Palmesel begegnet bin, aber nicht etwa einem, der am Palmsonntag als letzter aus den Federn gefunden hat und deshalb seit altersher Palmesel genannt wird. Nein, ich bin einem richtigen begegnet, im Elsaß, im Museum der Stadt Kolmar. Dort stand dieses Grautier auf einem vierrädrigen Gestell und trug unseren Herrn und Heiland auf

dem Rücken. Beide aus Holz, beide in Lebensgröße, so habe ich es wenigstens in Erinnerung. Ich war tief beeindruckt von der plastischen Darstellung, der ich plötzlich gegenüberstand.

Jesus fand einen jungen Esel und setzte sich darauf. Joh 12, 14 Auf den hölzernen Esel vor mir traf dieses Wort zu und auf Jesus in seiner hoheitlichen Haltung und Einsamkeit das andere:

Siehe, dein König kommt, er sitzt auf dem Fohlen einer Eselin. Es waren auf einmal nicht mehr nur die Sätze aus dem Johannesevangelium, sie erfüllten sich auf seltsame Art plötzlich mit Leben.

Inzwischen habe ich manches über Palmesel erfahren. Und so, wie die Passion während des Palmsonntagsgottesdienstes seit dem 10. Jahrhundert von verschiedenen Sängern vorgetragen wird, die einmal als Evangelisten, dann wieder als Widersacher Christi auftreten, so gibt es seit dem 13. Jahrhundert die Palmeselprozessionen, zu dem Zweck, die gläubig Hörenden und Schauenden teilhaben zu lassen am Geschehen von Jerusalem. Hier muß daran erinnert werden, daß die gottesdienstliche Sprache Lateinisch gewesen ist, weshalb alle Bilder und Plastiken notwendig und von großer Wirkung waren. Welcher Eindruck aber muß erst von einer Darstellung ausgegangen sein, an der jeder einzelne teilnehmen konnte.

Prozessionen mit Palmeseln sind nicht nur aus dem gesamten deutschen Sprachraum bezeugt, sie waren auch in Holland und Belgien bekannt. Zeitgeist und Moden machen aber auch vor sakralen Gebräuchen nicht halt. Reformation, Aufklärung und Säkularisation haben nicht nur Prozessionen unterbleiben lassen, sondern besonders den Palmeseln schweren Schaden zugefügt. Die reitenden Christusfiguren bewahrte Anstand und Ehrfurcht davor, zerhackt und verfeuert zu werden. Einige wenigstens von ihnen sind jedenfalls erhalten geblieben, mehr als von den grauen Reittieren. Darüber hinaus kann aber nicht verschwiegen werden, wie sehr diese Palmeselprozessionen vielerorts ausarteten, schon deshalb mußte darauf verzichtet werden.

Es war Brauch, bereits am späten Abend oder um Mitternacht vor dem Palmsonntag den reitenden Christus aus der Kirche zu ziehen. Das besorgten die Chorknaben. Sie wurden dabei vom Mesner beaufsichtigt. Der Mesner war eine wichtige Person und die Prozession für ihn eine beträchtliche Einnahme. Er bestimmte nämlich die Länge der Wegstrecke, auf der es den Kindern gestattet war, ein Stück vor oder hinter unserem Herrn und Heiland durch die Stadt zu reiten. Für ein schönes Entgelt, versteht sich.

Kindern, die noch nicht allein auf dem Esel sitzen konnten, gestattete er, dem hölzernen Heiland ein Busserl zu geben oder mit ihm einmal eia-eia zu machen.

Die Aufgabe der Ministranten war es, den reitenden Christus in die Häuser zu ziehen, die Christusfigur vom Esel zu nehmen und neben einen Kranken ins Bett zu legen. Wozu die Ministranten dann ihr „Pueri Hebraeorum" sangen. Was wiederum nur für ein gutes Entgelt geschah.

Währenddessen warteten in den Straßen schon die Bäckersfrauen mit Brezeln und Eierketten auf den Zug. Der Esel wurde behängt, die Christusfigur wurde behängt, und vor jeder Gastwirtschaft wurde der Zug mit vollen Bierkrügen erwartet und von den Gästen mit Geld belohnt.

Konnte es ausbleiben, daß diese Palmeselprozessionen bald ein öffentliches Ärgernis und die ersten Stimmen laut wurden, sie einzustellen? Das war einfacher gesagt als getan. Das Volk liebte die Prozessionen, es freute sich, es wartete darauf, und der Mesner schrie erst recht Zeter und Mordio, unterstützt von den Chorknaben, aus Sorge um den Verlust der guten Einnahmequelle.

Ob es nun der Streit gewesen ist, der diesen Chorknaben die Ehrfurcht minderte, oder einfach nur jungenhafter Übermut, eines Prozessionstages jedenfalls wollten sie ausprobieren, ob der Palmesel auch schwimmen könnte. Sie waren über der Donau drüben in einem abgelegenen Gehöft gewesen, um auch dort die Palmsonntagsantiphon „Pueri Hebraeorum, Hosanna in der Höhe" darzubringen. Auf dem Heimweg nun ritt sie der Teufel, der ja nichts unversucht läßt.

Die Jungen nahmen also dem Esel unseren Herrn und Heiland vom Rücken und ließen das Reittier in die Donau gleiten. Eine ganze Weile schwamm der Esel neben dem Boot her. Als sie aber in die Strömung kamen, riß plötzlich der Strick, und das Donauwasser schwemmte den Esel mit sich davon, weiter und immer weiter. Bis ins Schwarze Meer, haben die Leute gesagt, bis zu den

Türken. Und damit haben sie sich zufriedengegeben, denn die Türken sind ja Heiden, und womöglich hat der Palmesel den einen oder anderen zum Christentum bekehrt.

Der Palmheiland dieses Esels existiert noch. Deshalb ist es bis zum heutigen Tag die Aufgabe der Ministranten, diese Heilandfigur von Haus zu Haus zu tragen. Auch darf sie inzwischen noch einen anderen außergewöhnlichen Dienst verrichten. In jedem Hof wird sie nämlich auf den Hals eines jeden Pferdes gesetzt. Für den Rücken ist sie zu klein, weil sie ja für einen Esel berechnet war, aber die segnende Wirkung ist für das Pferd dieselbe.

Mit diesem Übergang sind wir bereits in der Gegenwart. Es werden auch heute noch richtige Palmeselprozessionen abgehalten, wenige nur. Die dazugehörenden Palmesel sind alle Jahrhunderte alt. Sie werden das Jahr über in einem Raum der Kirche verwahrt, oder sie stehen in einem Museum. Manche befinden sich in Privatbesitz. Sie sind im Laufe der Zeit immer wieder einmal neu bemalt worden. Leider selten zu ihrem Besten. Aber wer läßt sich von der Ungeschicklichkeit eines Malers beeindrucken, der heutigen Tages an einer Palmeselprozession teilnimmt, der sich betend auf den Weg macht, um gläubig nachzuvollziehen, was damals am Palmsonntag in Jerusalem geschehen ist. *Gesegnet sei er, der da kommt im Namen des Herrn.*

Mit dem Palmsonntag wird die Karwoche eingeleitet. Vom Tag darauf, dem Montag, ist nichts weiter zu berichten. Im Harz nennen ihn die Leute deshalb den „fulen Mondag", den faulen Montag.

Dem faulen Montag folgt der „scheiwe Dienstag". Da es vielerorts üblich war, den Dienstag als Zinstag anzusetzen, an dem den Grundherren die Naturalien abzuliefern waren, wird er vielen als schiefer Tag vorgekommen sein.

Dem Dienstag folgt der „krummpuckelde Middewochen". Im Harz führen die Leute dieses „krummpuckelde" darauf zurück, daß die Richter in Jerusalem Jesus an diesem Tag verurteilt haben, wozu sie das Recht krümmen mußten, um zum Todesurteil zu kommen. „Krummer Mittwoch" also.

Ihm folgt der „greune Donnerstag", mit dem der Gründonnerstag gemeint ist. Er ist in der Karwoche einer der drei wichtigsten Tage. Die Vermutung liegt nahe, den Gründonnerstag mit Früh-

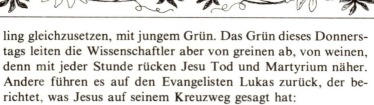

ling gleichzusetzen, mit jungem Grün. Das Grün dieses Donnerstags leiten die Wissenschaftler aber von greinen ab, von weinen, denn mit jeder Stunde rücken Jesu Tod und Martyrium näher. Andere führen es auf den Evangelisten Lukas zurück, der berichtet, was Jesus auf seinem Kreuzweg gesagt hat:
Denn wenn das mit dem grünen Holz geschieht, was wird erst mit dem dürren werden? Lk 23, 31
Gründonnerstag, ernst und festlich von der Kirche gefeiert. Für alle Christen ist an diesem Tag Bedeutungsvolles geschehen: Jesus hat mit seinen Jüngern das letzte Abendmahl gehalten, wie es im Neuen Testament geschrieben steht.
Jesus stand vom Mahl auf, legte sein Gewand ab und umgürtete sich mit einem Leinentuch. Dann goß er Wasser in eine Schüssel und begann, den Jüngern die Füße zu waschen und mit dem Leinentuch abzutrocknen, mit dem er umgürtet war. Joh 13, 4—5
Diese Fußwaschung ist in vielen Kirchen während der Abendmesse des Gründonnerstages vorgenommen worden. In der Pfarrgemeinde Bernbeuren geschieht es heute noch. Dort sitzen in der vordersten Bankreihe die zwölf ältesten Männer der Gemeinde, symbolisch für die zwölf Apostel Christi. Sie nehmen nach der Messe vor dem Altar Platz, und der Pfarrer nimmt die rituelle Fußwaschung vor, so wie es geschrieben steht. Seit einigen Jahren ist es nicht mehr üblich, sie in Apostelkleidern erscheinen zu lassen. Geblieben aber ist die Sitte, sie danach in einem Gasthaus reichlich zu bewirten.
Mit dem Gründonnerstag ist es erlaubt, Eier zu essen, vor allem aber grünes Gemüse, entweder siebenerlei, neunerlei oder zwölferlei. Stets ist es eine magische Zahl, mit der wieder Segen und Gesundheit beschworen werden sollen. Trotzdem wird es nicht immer einfach gewesen sein, sieben-, neun- oder zwölferlei grüne Kräuter bereits am Gründonnerstag auf den Tisch zu bringen. Ich denke dabei an einen langen Winter und ein frühes Osterfest. Deshalb werden es meistens Pfannkuchen mit Spinatfüllung oder grüne Nudeln dort tun müssen, wo sich die Hausfrau wenigstens an das Grün in der Gründonnerstagsregel halten will.
Die hessischen Hausfrauen, besonders die aus Frankfurt, haben es da gut, sie sind ja das ganze Jahr über mit ihrer „Grie Soß" vertraut, die die Frau Rat Goethe erfunden hat, worauf sie beson-

ders stolz sind. Für alle anderen aber soll wenigstens gesagt werden, welche Kräuter zu den siebenerlei gehören, die am Gründonnerstag gegessen werden sollten: Kresse, Schnittlauch, Petersilie, wenn möglich Borretsch, Kerbel, Sauerampfer und Pimpinelle, ersatzweise kann Dill verwendet werden.

Nach dem Gloria am Gründonnerstag fliegen die Glocken nach Rom, heißt es, wo sie erneut gesegnet werden.

Für die Nacht vom Gründonnerstag zum Karfreitag ist in einigen Orten Österreichs noch ein Brauch im Schwange, der mir erzählenswert erscheint: das Leiden-Christi-Singen. In Großarl versammelt sich abends ein kleiner Chor von Männern, der durch den Ort zieht und in Nachtwächterart jede Stunde singt:

Merkt auf, ihr Herrn, und laßt euch sag'n,
's hat acht Uhr g'schlag'n.

Danach wird von der Passion Christi gesungen, die in diesen Stunden angefangen hat, nachdem Jesus mit seinen Jüngern zum Ölberg gegangen war.

Als er dort war, sagte er zu ihnen: Betet darum, daß ihr nicht in Versuchung geratet! Dann entfernte er sich von ihnen ungefähr einen Steinwurf weit, kniete nieder und betete: Vater, wenn du willst, nimm diesen Kelch von mir! Aber nicht mein, sondern dein Wille soll geschehen.

Da erschien ihm ein Engel vom Himmel und gab ihm neue Kraft. Und er betete in seiner Angst noch inständiger, und sein Schweiß war wie Blut, das auf die Erde tropfte. Nach dem Gebet stand er auf, ging zu den Jüngern zurück und fand sie schlafend; denn sie waren vor Kummer erschöpft. Da sagte er zu ihnen: Wie könnt ihr schlafen? Steht auf und betet, damit ihr nicht in Versuchung geratet.

Während er noch redete, kam eine Schar Männer; Judas, einer der Zwölf, ging ihnen voran. Er näherte sich Jesus, um ihn zu küssen. Jesus aber sagte zu ihm: Judas, mit einem Kuß verrätst du den Menschensohn? Lk 22, 40—48

Darauf nahmen sie ihn fest, führten ihn ab und brachten ihn in das Haus des Hohenpriesters. Petrus folgte von weitem.

Mitten im Hof hatte man ein Feuer angezündet, und Petrus setzte sich zu den Leuten, die dort beieinandersaßen. Eine Magd sah ihn am Feuer sitzen, schaute ihn genau an und sagte: Der war auch mit ihm zusammen. Petrus aber leugnete es und sagte: Frau, ich kenne ihn nicht. Kurz danach sah ihn ein anderer und bemerkte: Du gehörst zu ihnen. Petrus aber sagte: Nein, Mensch, ich nicht. Etwa eine Stunde später behauptete wieder einer: Wahrhaftig, der war auch mit ihm zusammen, er ist doch auch ein Galiläer. Petrus aber erwiderte: Mensch, ich weiß nicht, wovon du sprichst. Im gleichen Augenblick, noch während er redete, krähte ein Hahn. Da wandte sich der Herr um und blickte Petrus an. Und Petrus erinnerte sich an das, was der Herr zu ihm gesagt hatte: Ehe heute der Hahn kräht, wirst du mich dreimal verleugnen. Und er ging hinaus und weinte bitterlich. Lk 22, 54—62

Das sind die Nachtstunden von Gründonnerstag auf Karfreitag gewesen. In dieser Jahreszeit sind sie in Israel kalt, weshalb hätten die Soldaten sonst im Hof ein Feuer anmachen sollen? Und während sich die einen wärmten, schlugen die anderen auf Jesus ein und verspotteten ihn. Weil sie es aber doch nicht fertigbrachten, ihm einfach ins Gesicht zu schlagen, verhüllten sie es ihm erst und fragten dann: Du bist doch ein Prophet! Sag uns: Wer hat dich geschlagen? Und so lästerten sie ihn und quälten ihn, bis der Morgen kam.

Als es Tag wurde, versammelten sich die Ältesten des Volkes, die Hohenpriester und die Schriftgelehrten, also der Hohe Rat, und sie ließen Jesus vorführen. Sie sagten zu ihm: Wenn du der Messias bist, dann sag es uns! Er antwortete ihnen: Auch wenn ich es euch sage — ihr glaubt mir ja doch nicht; und wenn ich euch etwas frage, antwortet ihr nicht. Lk 22, 66—68

Daraufhin erhob sich die ganze Versammlung, und man führte Jesus zu Pilatus...

Pilatus fragte ihn: Bist du der König der Juden? Er antwortete: Du sagst es. Da sagte Pilatus zu den Hohenpriestern und zum Volk: Ich finde nicht, daß dieser Mensch eines Verbrechens schuldig ist. Lk 23, 1—4

Pontius Pilatus, römischer Statthalter in Judäa, in Amtsgeschäften zufällig in Jerusalem. Für die Hohenpriester eine willkommene Gelegenheit. Er soll Jesus verurteilen, der Fremde, der Römer soll über den Aufrührer Jesus das Todesurteil sprechen. Pilatus verhört Jesus, aber er findet keine Schuld an ihm, und er sagt es dem Volk, das sich vor seinem Haus versammelt hat, mehr als einmal. Und da es Gewohnheit ist, vor dem Passahfest einen Gefangenen freizugeben, fragt er das Volk, ob er nicht Jesus freigeben soll, den König der Juden.

Da schrien sie wieder: Nicht diesen, sondern Barabbas! Barabbas aber war ein Straßenräuber. Joh 18, 40

Ich habe den Garten Gethsemane gesehen und vom Ölberg hinunter auf Jerusalem geblickt. Ich habe zwischen den Säulen jenes Stadtteils gestanden, den man wieder ausgegraben und aufgebaut hat nach dem israelisch-jordanischen Krieg. „Hier, das ist gewiß", sagte Jochanan, der uns führte, „hier ist Jesus mit seinen Jüngern entlanggegangen. Vielleicht hat er an dieser Säule gelehnt, wenn er sich mit Pharisäern auf einen Disput eingelassen hatte oder wenn ihn die Leute anhielten, um ihn um Rat zu fragen."

Das traf mich. Ich ging also über dieselben Steinquader, über die Jesus gegangen war. Auf einmal wußte ich, daß es nicht nur eine Geschichte war, was die Apostel im Neuen Testament erzählen. Ich bedaure, daß die Via Dolorosa weiter nichts ist als ein Basar voller Gerüche, Geräusche und Farben. Hier entlang hat Christus das Kreuz nach Golgatha getragen, das Kreuz, an das er geschlagen werden sollte. Und das Volk zog hinterher und beschimpfte ihn. „Kreuzige ihn, kreuzige ihn!" hatte es Pilatus zugerufen. Wo aber waren diejenigen geblieben, die ein paar Tage vorher noch „Hosanna" gerufen hatten? Hosanna in der Höhe?

Mit einer Dornenkrone und einem Purpurmantel verächtlich gemacht, führte Jesu Weg die Dolorosa entlang, die Schmerzensstraße.

Er trug sein Kreuz und ging hinaus zur sogenannten Schädelhöhe, die auf hebräisch Golgota heißt. Dort kreuzigten sie ihn und mit ihm zwei andere auf jeder Seite einen, in der Mitte Jesus. Pilatus ließ auch ein Schild anfertigen und oben am Kreuz befestigen; die Inschrift lautete: Jesus von Nazaret, der König der Juden. Joh 19, 17—19

Der einzige Jünger, der die Kreuzigung als Augenzeuge miterlebt hat, ist Johannes, er ist der Lieblingsjünger Jesu gewesen. Zusammen mit Jesu Mutter hat er unter dem Kreuz gestanden, mit ihrer Schwester Maria und mit Maria von Magdala. Er hat seine letzten Worte gehört, als er gesagt hat:

Mich dürstet. Ein Gefäß mit Essig stand da. Sie steckten einen Schwamm mit Essig auf einen Ysopzweig und hielten ihn an seinen Mund. Als Jesus von dem Essig genommen hatte, sprach er: Es ist vollbracht! Und er neigte das Haupt und gab seinen Geist auf. Joh 19, 28—30

Die Grabeskirche in Jerusalem umschließt auch die Stelle, an der Jesus gekreuzigt worden ist. Golgatha. Die Öffnung, in der sein Kreuz gestanden hat, ist kostbar eingefaßt. Unterhalb davon ist ein Stück des Felsens zu sehen, der in jenem Augenblick gespalten ist, als es „vollbracht" war.

Und so ist es Karfreitag geworden, „stiller Fridag" sagen die Leute im Harz. Kein Glockengeläut mehr. Für gläubige Christen ein strenger Fastentag, ein Tag der Erinnerung. Mit jeder Bewegung des Zeigers rückt die Todesstunde Jesu um fünfzehn Uhr näher.

Im Orient sind zum Tode Verurteilte gekreuzigt worden. Weder der Henker noch der Scharfrichter brachte sie um ihr Leben, wie es in Europa eingeführt war. Jesus ist auch nach jüdischem Brauch beerdigt worden, so wie es heute noch geschieht. Die beiden Männer, denen es Pilatus gestattet hatte, Jesus vom Kreuz zu nehmen, waren Josef aus der Stadt Arimathäa und Nikodemus. Beide waren heimliche Anhänger von Jesus. Sie hatten Myrrhe und Aloe mitgebracht.

Sie nahmen den Leichnam Jesu und umwickelten ihn mit Leinenbinden, zusammen mit den wohlriechenden Salben, wie es beim jüdischen Begräbnis Sitte ist. An dem Ort, wo man ihn gekreuzigt hatte, war ein Garten, und in dem Garten war ein neues Grab, in dem noch niemand bestattet worden war. Dort setzten sie Jesus bei. Joh 19, 40—42

Stiller Freitag, im Gedenken an die Todesstunde auf Golgatha. Es kommt mir so vor, als ob dieser Tag stiller begangen würde als in früherer Zeit. Allzuviel ist nicht übriggeblieben von dem Lärm der hölzernen Ratschen, mit denen die Kinder durch das Dorf oder durch die Ortsteile ziehen, um anstelle des Glockengeläuts die Stundengebete dieses ernsten Tages anzuzeigen und dazu die Zeit des Gottesdienstes. Im Odenwald sind es die Ministranten, die bereits um sechs Uhr morgens durch das Dorf ziehen und das Ave Maria singen.

Das ist das Ave Marie,
fallet nieder auf eure Knie
und betet das Ave Marie.

Wenn sie weiterziehen, werden die Ratschen in Bewegung gesetzt, und da sich den Ministranten stets eine Schar Kinder anschließt, gibt es Lärm, der nicht zu überhören ist.

In der Rhön sind die Klapperkasten zu Hause. Am gebräuchlichsten sind Instrumente, die aus einem Kasten bestehen „auf dem durch das Drehen einer Zahnwalze mehrere, an biegsame Latten befestigte Hämmer in Bewegung gesetzt werden. Diese schlagen nacheinander auf den Kasten und erzeugen einen weithin hörbaren ratternden Lärm".

Ein solcher Klapperkasten kann auch oben auf dem Kirchturm aufgestellt und mit einer Kurbel in Bewegung gesetzt werden, wenn er groß genug ist.

Bezeugt ist dieses Poltern und Rumpeln schon im 8. Jahrhundert, wo es von düsterer Feierlichkeit war. Vor allem deshalb, weil es in den drei letzten Nächten der Karwoche veranstaltet wurde. Pumpermette, Finstermette wurde der Lärm genannt, und er wurde von den Kirchengängern dadurch verursacht, daß sie auf die Kirchenbänke einschlugen. Ratschen und Klappern hatten sie ohnehin mit und eine bestimmte Anzahl Kerzen, die, eine nach der anderen, ausgeblasen wurden. Je finsterer die Kirche, desto mehr mußte gelärmt werden, und das alles zur Erinnerung an das Erdbeben, von dem Jerusalem erschüttert wurde, als Christus am Kreuz starb.

Im Neuen Testament heißt es: *Die Erde bebte, und die Felsen spalteten sich, und die Gräber öffneten sich.*

Später bekamen diese Pumpermetten eine andere Bedeutung. Der ohrenbetäubende Lärm sollte Empörung und Verachtung ausdrücken über den Verrat des Judas Iskariot. Nachdem nun ein Mensch gefunden war, auf den die Gläubigen ihren Zorn häufen konnten, blieb es bald nicht mehr beim Klappern und Rasseln. Jetzt sollte der Judas leibhaftig beschimpft, verschmäht und verhöhnt werden. In den Seitenschiffen der Kirche spielten die Leute aus dem Volk Szenen, in denen der Judas auftrat: rotbärtig, mit Geldbeutel und Strick. Nicht lange, und die Pumpermetten wurden Judasmetten genannt, und die großen fahrbaren Klapperkästen wurden zu Judaskarren.

Weitverbreitet war es auch, den Judas aus der Kirche hinauszujagen. Das besorgten junge Burschen, die einen anderen, der mit roter Weste und rotem Bart als Judas gekennzeichnet war, zuerst durch die Kirche hetzten und beschimpften, bis der Judas die Kirchentür erreicht hatte. Dann ging die Jagd über den Friedhof weiter. Der Pfarrer war es, der das Zeichen zum Aufhören gab. Der Judas konnte aber auch durch eine alte Tonne verkörpert werden, die vor der Kirche aufgebaut und so lange mit Steinen beworfen wurde, bis sie kurz und klein geschlagen war.

Am verbreitetsten aber war das Judasbrennen. Dort, wo das verräterische Tun des Judas symbolisch verurteilt werden soll, wird das Feuer heute noch am Karfreitag abgebrannt.

Daß im Laufe der Jahrhunderte diese öffentlichen Judasverurteilungen ausarteten und erst zu Einschränkungen, dann zu Verboten führten, ist nicht verwunderlich.

Nun bot ja in früheren Zeiten der Karfreitag für jeden etwas, wenn man so will. Die einen waren mit dem Judas beschäftigt, andere stellten das Passionsgeschehen dar. Das letztere ist über Jahrhunderte so gewesen und blieb nicht auf den Karfreitag beschränkt. Und immer waren es Leute aus dem Volk, die sich zusammenfanden, um das Leiden Christi darzustellen, in Umzügen durch die Stadt, in einzelnen Szenen vor der Kirche oder im regelrechten Passionsspiel. Das berühmteste findet alle zehn Jahre in Oberammergau statt. Von der Darstellung des Kreuzweges Christi, der ohne szenisches Spiel, aber mit großem Umzug, am Karfreitag stattfand, gibt es einen Bericht aus der schlesischen Stadt Habelschwerdt. Dort gab es alljährlich einen Umzug, der „Das bittere Leiden Christi" hieß. Er wurde angeführt von einem mit einer roten Fahne, der sogenannten Blutfahne. Ihm folgten die Honoratioren der Stadt zu Pferde, als Ritter gekleidet. Hinterher fuhr ein Wagen mit den Hohenpriestern, und im Anschluß daran trugen Bauern ein hohes Gerüst, auf dem Jesus und seine Jünger am Ölberg dargestellt waren. Von Zeit zu Zeit setzten sie dieses Gerüst ab, damit die Leute an der Straße die Darstellung besser betrachten konnten. Dann folgte eine Anzahl Männer, ganz in graue Kutten gehüllt. Manche von ihnen trugen ein schweres Kreuz auf der Schulter, andere schlugen sich mit einer Geißel auf den entblößten Rücken. In weiteren lebenden Bildern sahen die Zuschauer die Passion Christi bis zum Augenblick der Kreuzigung. Bei diesem Umzug war das Kreuz aus Pappe und der Gekreuzigte ebenfalls. Besonderes Aufsehen aber erregte eine verborgene Vorrichtung, mit der es möglich war, alle Augenblicke Blut aus den Nägelwunden des Gekreuzigten quellen zu lassen. Es ist immer wieder verwunderlich, wie weit sich menschliche Gutwilligkeit verirren kann.

Weit schlichter und religiöser erscheint es mir, daß, ebenfalls in Schlesien, viele Menschen in der Nacht zum Ostersonnabend ihre Dörfer verließen, um dorthin zu gehen, wo auf einer Anhöhe drei Kreuze standen, die an Golgatha erinnern sollten. Ich erinnere mich, daß sie immer von Eichen oder Linden umgeben waren, alte Bäume mit mächtigen Kronen, über deren unbelaubten Ästen ein heller Sternenhimmel zu sehen war oder ein Himmel, über den schnelle Wolken zogen. Kein Wunder, daß den Leuten allerlei Gedanken durch den Kopf gingen, und deshalb geheimniste das Volk trotz gläubiger Trauer auch viel Aberglauben in diese Nacht hinein.

Wasser, Brot und Ei vom Karfreitag sind heilkräftig. Mit einem Ei in der Tasche, das am Karfreitag gelegt ist, das weder verdirbt noch sich färben läßt, kann man Glück im Spiel haben. Auch kann man Ertrunkene damit auffinden. Außerdem sind Karfreitagseier die besten Bruteier.

Auch das Brot ist heilig, es verschimmelt nicht oder erst dann, wenn derjenige, der es einem am Karfreitag geschenkt hat, treulos geworden ist.

In Tirol wurden für das Vieh besondere Marterbrote gebacken, damit es das ganze Jahr über von Krankheit verschont blieb. Und was das Wasser betrifft, so soll es sich um Mitternacht in Blut verwandeln, sagen die Tiroler. Andernorts heißt es, das Brot verwandle sich in Wein. Ich kenne Leute, die sind entweder von dem einen oder dem anderen fest überzeugt.

Auch ist in diesen heiligen Nächten die Wilde Jagd unterwegs, so wie in den vorweihnachtlichen Tagen. Im Moor sind besonders viele Irrlichter zu sehen, Geister gehen um, die unheimliche Messen abhalten. Bezeugt ist auch, daß versunkene Glocken in der Karfreitagsnacht geläutet haben, und es sollen sich in der Mitternachtsstunde die Berge öffnen. Wer den Eingang findet, dem ist unermeßlicher Reichtum sicher. Außerdem brennen während des Karfreitagsgottesdienstes überall dort kleine Feuer, auf Feldern und Wiesen, wo Schätze verborgen sind. Wer das Glück hat, ein solches Feuer zu sehen, muß schnell einen Stock in diese Stelle stecken oder einen Stein darauflegen, damit er sie wiederfindet, nachdem er sich einen Spaten geholt hat.

Eine seltsame Begebenheit ist aus Lungern bezeugt. Dort geht jedesmal, wenn am Karfreitag um drei Uhr nachmittags zur Sterbestunde geläutet wird, ein Mann zum Kirchenbrunnen, um Wasser zu trinken. Das wäre ja weiter nichts Besonderes, aber dieser überlebensgroße Mann ist an die Wand eines Hauses gemalt.

So ist selbst am Karfreitag Gläubiges und Ungläubiges, Christliches und Heidnisches miteinander verwoben.

Um diesen ernsten stillen Freitag gebührend ausklingen zu lassen, ist noch zu berichten, daß in vielen katholischen Kirchen das Heilige Grab aufgebaut wird, in unterschiedlichen Größen und Ausgestaltungen. In den zurückliegenden Zeiten hat es Heilige Gräber gegeben, in denen es sich ein junger Mann zu hohen Ehren anrechnete, wenn er den Leichnam Christi darstellen, darin liegen durfte. Als ebensolche Ehre sahen es die beiden anderen jungen Männer an, die vor dem Grab als Engel, manchmal auch als römische Soldaten Wache hielten. Gläubige Christen haben den weitesten Weg nicht gescheut, um am Karfreitag wenigstens an einem Heiligen Grab zu beten. Viele erhofften sich einen besonderen Segen davon, an drei Heiligen Gräbern gebetet zu haben. Wieder andere verbrachten die nächtlichen Stunden vor dem Heiligen Grab in ihrer Kirche, bis die Helligkeit durch die Kirchenfenster den Karsamstag anzeigte.

Karsamstag, Ostersonnabend, „Kaukenbackensamstag", wie die Leute im Harz sagen. Die stillste Zeit ist vorüber, es darf wieder gelacht, sagen wir, gelächelt werden.

Auch in meiner Heimat wurde der „Usterkucha", der Osterkuchen, angerührt und auf großen Blechen zum Bäcker getragen. Mit den kleinen Blechen der modernen Küchenherde hätte sich niemand abgegeben. Es gab Butterkuchen, Zuckerkuchen und vor allem Streuselkuchen, und wenn ich mich daran erinnere, wie diese gebackenen Kuchen, einmal geteilt, auf einer Kommode aufgetürmt dalagen, dann frage ich mich heute noch, wer diese Mengen denn gegessen hat. Ich erinnere mich nämlich nicht, daß auch nur ein einziges Streifel altbacken geworden wäre. Die frühen Morgenstunden des Ostersamstages gingen mit Kuchenbacken drauf. Es duftete nach warmer Milch und aufgehender Hefe, geschmolzener Butter, Zitrone und Vanille, und ich sehe die riesige Schüssel mit Streusel vor mir, dieses köstliche Gemengsel aus Butter, Zucker und Mehl, an dem man sich schon ungebacken den Magen verderben konnte. „Kaukenbackensamstag", welche Freude nach dem trostlosen Karfreitag.

Die Gebildbrote, die verschiedensten Hasen, Hennen und Osternester, mit und ohne Ei in der Mitte, wurden beim Bäcker gekauft. Nicht zu vergessen das kniende Osterlamm mit der Siegesfahne, das inmitten einer ganzen Herde bis auf den heutigen Tag die Schaufenster ziert. Alle Lämmer sind aus Biskuitteig, mit einer weißen Schicht Puderzucker überzogen.

Ostersamstag. Die Glocken sind wiedergekehrt. In manchen Orten wird mit dem letzten Ratschen und Klappern bereits um den Lohn gebeten:

Eier raus, der Tod ist naus,
sonst kommt der Ratz ins Hühnerhaus.

Oder, noch fordernder:

Wir klappern um ein Ei,
wir nehmen auch zwei, drei,
fünf müssen heraus,
sonst steigen wir in das Hühnerhaus
und holen sie uns selbst heraus.

Diesem ungenierten Eintreiben folgten nicht selten Raufereien, weil die jüngsten Klapperer sich von den älteren benachteiligt fühlten. Deshalb ist Klappern und Heischen in vielen Orten eingestellt worden, zumindest so lange, bis festgelegt war, wie die eingesammelten Gaben gerecht zu verteilen wären. Um wieviel es dabei ging, mag ein Beispiel aus Osterburken zeigen. Im Jahre 1971 erhielten die Klapperer zweihundert

Eier, dreihundertfünfzig Deutsche Mark und dazu Bonbons und Schokolade in Mengen. In den meisten Orten wurde mit dem Einsammeln bis nach dem ersten Gottesdienst gewartet, wenn die Glocken ihren Dienst wieder aufgenommen hatten.
Andererseits war der Ostersamstag schon immer randvoll mit Geheimnissen. Er mußte gut eingeteilt werden. Als erstes wollte niemand das Anzünden des Osterfeuers vor der Kirche oder im Kirchenvorraum verpassen. Und keiner fragte danach, ob dieses Feueranzünden schon in vorchristlicher Zeit stattgefunden hatte. Es soll ein heidnischer Brauch sein, den die Kirche seit dem 12. Jahrhundert christlich gemacht hat. Dieses Osterfeuer ist sehr geheimnisvoll. Das Holz dazu müssen alte Grabkreuze hergeben. Wird das Feuer vor der Kirche entzündet und ist das Wetter danach, geschieht es mit einem Brennglas. Wenn das nicht möglich ist, werden Feuerstein und Stahl solange aufeinander geschlagen, bis ein Funke springt und der Zunder unter dem morschen Holz zu brennen anfängt. Sobald genug Glut entstanden ist, wird ein Stückchen davon zusammen mit Weihrauchkörnern in das Rauchfaß gelegt. Sobald ihm der aromatische Duft entströmt, öffnet sich die Kirchentür, die sinnbildlich eben noch verschlossen gewesen ist, wie das Grab vor dem Altar. Noch ist es dunkel in der Kirche. Jetzt aber wird die erste Kerze an der mitgebrachten Glut des Osterfeuers angezündet, an dieser Kerze die zweite, an der zweiten die dritte, an der dritten aber die große Osterkerze. Damit ist allen, die in die Kirche gekommen sind, vor Augen geführt, wie das Licht über die Finsternis gesiegt hat.
Nach dem Gottesdienst heißt es ja nun wieder, ein Stückchen von diesem immer noch brennenden geweihten Osterfeuer zu ergattern, denn wie in der Kirche alle Lichter gelöscht worden sind, so ist auch alles Feuer daheim in den Herden gelöscht worden. Die geweihte Glut hat aber wieder heilkräftige Wirkung für alle, die unter dem Dach eines Hauses leben. Und wenn auch die meisten Leute selbst gekommen sind, um ein Stück Glut mit nach Hause zu tragen, so gibt es doch noch genug abgelegene Häuser und Höfe, kranke und alte Leute, die am Segen des geweihten Osterfeuers teilhaben sollten. Also sind wieder die Jungen, die Buben an der Reihe.

Ich habe sie in Kochel in Oberbayern laufen sehen, eifrig bemüht, die Buchenschwämme, die sie schon Tage vorher von alten Bäumen abgeschlagen und im geweihten Feuer angezündet haben, durch Pusten und Schwingen am langen Draht glühend zu halten. Sie trugen diese Glut von Haus zu Haus und ließen in jedem ein Stückchen zurück für das neue Herdfeuer. Daß sie dafür eine Dankesgabe in Geld oder Eiern erhielten, versteht sich, aber für die meisten von ihnen, besonders für die Jüngsten, war die rote Glut doch das allerwichtigste.

Am Nachmittag des Karsamstages wird auf das bevorstehende Osterfest damit hingewiesen, daß buntgefärbte Ostereier aufgehängt werden. Am Baum im eigenen Garten, am Osterzweig auf dem Balkon oder in der Vase auf dem Fensterbrett. Für diesen Osterschmuck gibt es keine geographische Grenze, weder im Norden noch im Süden, weder im Osten noch im Westen, ob in protestantischer oder katholischer Gegend.

Ostern, Auferstehung, Freude, Licht, das wird überall mit bunten Ostereiern angezeigt. Besonders schön und sinnvoll erscheint mir ein Brauch, der in der Fränkischen Schweiz zu Hause ist: Die Brunnen festlich bunt und österlich zu schmücken, diese alten sandsteineingefaßten Behälter und Tröge, in deren Mitte sich nicht selten der heilige Nepomuk oder der heilige Florian erhebt. Das ganze Jahr über werden sie kaum beachtet, sie sind da, sie gehören zum Straßenbild. Plötzlich aber werden sie der Blickfang des Ortes. Auf einmal ranken sich grüne Girlanden zu ihren Bildsäulen empor, mit üppig eingeknüpften bunten Bändern, auf einmal stehen junge Birken am Brunnenrund, mit Eierketten behangen, mit bunten Bändern umflochten. Und jetzt wird ihr sonst kaum noch beachtetes Wasser zum Osterwasser, zum Wasser des Lebens. Feuer des Lebens, Wasser des Lebens, beides hat magische Kraft in der Osterzeit.

Außer für geschmückte Bäume und Brunnen ist deshalb noch für etwas anderes zu sorgen: für das Osterfeuer. Es wird, von Landschaft zu Landschaft unterschiedlich, an verschiedenen Tagen abgebrannt. Die einen fangen mit dem Sammeln schon Wochen vorher an. Sie schichten es aus altem Reisig, den Ästen der ausgeschnittenen Bäume und Sträucher, aus Autoreifen, alten Brettern und was sich sonst noch draußen im Schuppen angesammelt hat, allmählich auf.

In der norddeutschen Tiefebene werden die Osterfeuer vor allem am ersten Ostertag angezündet. Überall ist es ein großes Ereignis, und manche sagen, so viele Osterfeuer man reihum brennen sieht, so viele Jahre wird man noch erleben. Danach halten die wenigsten Ausschau. Den meisten geht es darum, das größte und höchste und weithinleuchtendste Osterfeuer zu haben. Dafür gehen nicht nur die Kinder sammeln, daran beteiligen sich auch Männer jeden Alters, und die vor allem mit Säge und Axt. Dabei wird mancher Schaden angerichtet, der durch die magische Zauberkraft des Feuers auch nicht wiedergutgemacht werden kann.

Die Gläubigen, die Nachdenklichen aber gehen zur nächtlichen Osterandacht, ob sie protestantischen oder katholischen Glaubens sind. Sie warten drauf, daß sich das Wort erfüllt: Christus ist auferstanden.

Gebildbrote und Ostersuppe

Im elften Kapitel
wird das Rezept für gebackene
Osterhasen und Osterlämmer
verraten und wo diese Gebildbrote
herkommen, weiter erfährt man
Rezepte für eine echte griechische
Ostersuppe und für einen üppigen
Ostertisch, für Eierlikör und
Eiergrog.

Sobald mit dem Palmsonntag das Ende der Fastenzeit nahegerückt ist, beginnen die ersten Überlegungen, womit sich die Osterfreude am festlichsten auf dem gedeckten Tisch der Feiertage ausdrücken läßt: Gebäck und Brot, Braten und Beilagen und die Getränke. Jeder weiß zwar, daß die Küche bei der österlichen Bäckerei niemals so duften wird wie vor Weihnachten, wenn mit den Wohlgerüchen ganz Arabiens gebacken wird, wie meine Großmutter immer sagte. Sesam, Safran, Zitrone und Mohn entwickeln keinen außergewöhnlichen Duft im Backofen, und trotzdem wird mit dem Wohlgeruch nach frischem Backwerk die Festtagsfreude geweckt.

Noch aber ist Gründonnerstag nicht vorüber, an dem, wie schon erwähnt, ein grünes Gericht auf den Tisch kommen sollte. Auch Karfreitag ist noch nicht vorbei, an dem strenggläubige Christen überhaupt nichts essen. Die anderen weichen auf gekochten Fisch aus, mit einer Senfsoße vielleicht, oder, wem Fisch zuwider ist, dem mag ein Omelett recht sein, das sich auf verschiedene Art füllen läßt, mit Spinat, mit Champignons oder einfach nur mit den ersten jungen Kräutern.

Ebensogut könnte es ein Eierkuchen sein, der mit Apfelscheiben zwar etwas umständlich herzustellen ist, dann aber durchaus ein Festessen sein kann.

Milchreis soll nicht vergessen werden, mit Zucker, Zimt und brauner Butter, oder ein Griesbrei, über den eingemachtes Obst, Pflaumen, Erdbeeren und Stachelbeeren oder nur Apfelmus gelöffelt wird.

Dabei ist wieder Zeit, an die Ostertafel zu denken.

Daß buntgefärbte Eier in einem großen Korb dastehen werden

oder, nach Farben geordnet, in kleine Schüsseln oder Gläser aufgeteilt, darüber braucht nicht gesprochen zu werden.

Mit den Gebildbroten sieht es da anders aus. Ich denke, daß sich um dieses Gebäck manches Gespräch entspinnt. Was soll ein Gebildbrot bedeuten? Wo kommt es her, warum wird es gebacken?

Sicher ist, daß Gebildbrote aus vorchristlicher Zeit stammen und Opferbrote gewesen sind. Sie wurden nicht nur an Ostern gebacken, sondern an allen hohen Festtagen, gemeinsam aus gemeinsam zusammengebrachten Zutaten, und sie wurden gemeinsam verzehrt. Sie nahmen die Stelle von Tieropfern ein, der Stiere, der Pferde, der Eber, zur Ehre der Gottheiten, denen sie dargebracht wurden.

In der Osterzeit waren es vor allem der Hahn, die Henne, der Storch und der Widder. Als die Zeiten christlich geworden waren, wurde aus dem Widder das Osterlamm, später kam noch der Hase hinzu, der eierlegende. Der Sinn war immer derselbe: Die Geister sollten günstig gestimmt werden, auch der Böse, der Teufel, dem vor allem Hähne geopfert wurden.

Nun ist es ja heute so, daß man Gebildbrote in den Bäckereien kaufen kann, und oft werden die Leute erst durch sie daran erinnert, daß Ostern bevorsteht. Dabei ist zu sagen, ein wirkliches Gebildbrot muß mit der Hand geformt, es muß eben gebildet sein, mag auch hinterher noch soviel Phantasie dazugehören, in einem solchen Gebilde einen Hasen zu sehen. Bevor ich das Rezept aufschreibe, muß ich noch sagen, daß auch die Bezeichnung Brot nicht mehr recht paßt. Aus Brotteig werden auch heute die Gebildbrote nicht mehr gebacken. Es sei denn, man nimmt die Sache großzügig und erkennt an, daß selbst zu Zeiten unserer Vorväter an den Festtagen die gebackenen Opferbrote aus besonders guten Zutaten hergestellt wurden, welche das im Laufe der wechselvollen Jahre auch gewesen sein mögen. Oder aber unter den Lesern ist jemand, der die pommerschen Osterwölfe kennt. Osterwölfe klingt geheimnisvoller, wenn nicht gar furchterregender, als es ist. Die Osterwölfe waren nichts anderes als Semmeln, die zu Ostern eine bestimmte Form hatten, der aber niemand einen Wolf ansah. Es waren längliche Brötchen mit zwei Querstreifen aus Teig über dem vorderen und

hinteren Drittel. Diese Osterwölfe kann man noch als echtes Gebildbrot ansehen.

Nun also das Rezept für den Teig, aus dem sich eierlegende Osterhasen herstellen lassen, Störche und Hühner.

Für 500 Gramm Mehl braucht man 30 Gramm Hefe, einen gut gehäuften Eßlöffel Zucker und von einem Viertelliter lauwarmer Milch etwa die Hälfte.

Das Mehl wird in eine Schüssel geschüttet, eine Mulde hineingedrückt und die Hefe hineingebröckelt. Dann kommt der Zucker darüber und die lauwarme Milch. Auch wird ein bißchen Mehl darübergestäubt, die Schüssel mit einem Küchentuch zugedeckt und an einen warmen Ort gestellt.

Es dauert eine gute Viertelstunde, je nach Wärme, bis das Hefestück blasig geworden ist und duftet. Nun wird die restliche Milch, eine Spur Salz, 75 Gramm Zucker und 125 Gramm geschmolzene Butter oder Margarine dazugetan und alles zu einem geschmeidigen Teig verknetet. Er muß gewalkt und geschlagen werden, bis er Blasen wirft und sich von selbst vom Schüsselrand löst.

Ist das erreicht, muß der Teig noch einmal ungefähr eine halbe Stunde gehen, was sich wiederum nach der Temperatur in der Küche richtet.

Danach kann der Teig in Teile geschnitten und auf einem bemehlten Holzbrett zu Osterhasen geformt werden. Die einfachste Form ist ein größeres Rund für den Osterhasenrumpf und ein kleineres für den Hasenkopf, dazu kommen zwei Zipfel für die Ohren. Die Augen sollen aus Rosinen sein, ein paar dünne Streifen Zuckerguß nach dem Backen die Barthaare. Diesem Hasen kann man eine farbige Schleife um den Hals binden, um ihn ein bißchen einfallsreicher zu machen.

Er muß auch nicht unbedingt erst am Ostermorgen auf den Tisch kommen und kann, auf einen Stock gesteckt, den Osterstrauß zieren.

Heimbäcker oder Heimbäckerinnen, die sich mehr zutrauen, werden vielleicht einen springenden Hasen probieren, dem ein gefärbtes Osterei in den Bauch gedrückt wird oder dem es unter dem Schwanz hervorguckt, geradeso, als wäre er mitten im Eierlegen aufgescheucht worden. Das ist eine besonders alte Form.

Ich besitze einen stehenden Osterhasen. Er ist zwar einer Katze sehr ähnlich, aber weil er uns alle mit seinen Rosinenaugen gar so selbstbewußt ansieht und sich sein orangefarbenes Osterei mit den Vorderpfoten gar so fest auf den Bauch drückt, haben wir es nicht fertiggebracht, ihn aufzuessen.

Nicht ganz einfach sind Störche herzustellen, die auf einem Bein mitten in der Wiese stehen, was man nach dem Backen durch grüngefärbten Zucker andeuten kann, rotgefärbten nimmt man für Beine und Schnabel. Der Storch ist sehr vorsichtig vom Blech herunterzunehmen, damit das eine Bein nicht abbricht.

Nicht vergessen soll sein, daß sich aus diesem Teig auch ein Osterkranz herstellen läßt. Dafür schneidet man den Teig in drei Teile und rollt sie zu gleich langen Strängen aus. Aus denen wird ein Zopf geflochten, den man mit den Enden zum Kranz zusammendrückt. In diesen Kranz gehören unbedingt gefärbte Eier, besonders dann, wenn er auf dem Frühstückstisch des ersten Osterfeiertages stehen soll.

Dazu sollte man in den Teig auch noch ein Päckchen Vanillezucker rühren und 100 Gramm Rosinen darunterkneten. Außerdem sollte der Zopf, bevor er zusammen mit den gekochten und gefärbten Eiern in den Ofen kommt, tüchtig mit geschmolzener Butter bestrichen werden. Der Osterkranz braucht im vorgeheizten Ofen 45 Minuten bei 200 Grad, bis er fertig ist. Die kleinen Figuren, Hase, Storch oder eine Henne, brauchen etwas weniger Backzeit, aber 200 Grad Hitze brauchen auch sie. Und noch etwas. Einmal von dieser Gebildbrotbäckerei erfaßt, wird die ganze Familie mitbacken wollen, jeder sein eigenes Ostergebild. Deshalb wäre zu überlegen, ob nicht gleich die doppelte Menge Teig angerührt werden soll, aber das nur nebenbei.

Nun das Rezept zum Teig für die Osterlämmer.

Dazu ist es nötig, sich eine Lamm-Backform zu beschaffen, die in jedem guten Haushaltsgeschäft in der Osterzeit zu haben ist.

Für den Teig braucht man 3 Eigelb, 140 Gramm Zucker und 200 Gramm gesiebtes Mehl. Dem Mehl wird ein halbes Päckchen Backpulver untergemischt. Zum Eigelb kommen ein Päckchen

Vanillezucker, ein Schuß Zitronensaft und die abgeriebene Schale einer Orange, es kann auch die Schale einer Zitrone sein, der Orangengeschmack aber macht die Sache pikanter. Wenn Eigelb, Zucker, Vanillezucker, Zitronensaft und geriebene Orangenschale gut verrührt sind, kommt das Mehl mit dem Backpulver dazu und wird mit fünf Eßlöffeln Wasser gut vermengt.

Zum Schluß werden die drei übriggebliebenen Eiweiß zu sehr steifem Schnee geschlagen und so behutsam wie möglich unter den Teig gehoben.

Die Lämmchen-Form muß gut mit Öl eingefettet und mit Semmelbröseln ausgestreut werden.

In den vorgeheizten Backofen wird das erste Lämmchen hineingesetzt — die Teigmenge ergibt zwei davon — und zirka 25 Minuten bei einer Temperatur von 200 Grad gebacken.

Ist die Zeit um, muß die Form erst ein wenig auskühlen, dann wird das Lämmchen vorsichtig aus der Form gelöst, bevor man die beiden Hälften vollends auseinanderklappt. Wenn es dann frisch gebacken auf dem Tisch steht, muß es dick mit Puderzucker bestäubt werden. Ob man ihm noch zwei Rosinenaugen eindrückt oder ihm lieber ein hölzernes Stöckchen in die Schulter steckt, das die Fahne mit dem Kreuzzeichen trägt, soll jeder für sich entscheiden.

In diesem Buch ist viel erzählt worden von der Ostkirche und ihren Gläubigen, für die Ostern das höchste Fest des Jahres ist. Wie bedeutungsvoll, wurde mir klar, als der Inhaber eines griechischen Restaurants zu mir sagte: „Morgen ist in Griechenland Ostern." Er sagte es einfach so. Ich hatte nicht daran gedacht. Hierzulande war Ostern längst vorbei. Ihn aber bewegte es, er mußte darüber sprechen. Es war so, als ob einer von uns irgendwo im Ausland gesagt hätte: Morgen ist Weihnachten, und ich bin nicht daheim.

„Lämmer am Spieß", sagte er, und ich sagte: „Rotgefärbte Ostereier in ganz Griechenland."

Er nickte. „Und viel guter Duft, wenn sie gedreht und gedreht werden über den Holzkohlen."

Jetzt nickte ich und sagte: „Und die Majiritsa."

„Oh", machte er, stand auf und schenkte die Ouzogläser noch

einmal voll. „Du kennst die Ostersuppe?" Er sah nicht auf die Plakate in seinem Lokal, die sich die Touristenwerbung ausgedacht hatte. Er sah vor sich hin und sagte noch einmal: „Morgen ist Ostern."

Das Lamm, Sinnbild für den Opfertod Christi, wird in ganz Griechenland am Spieß gebraten. Aber Lämmer sind selten. Was sich über den großen Holzkohlenöfen auf den Spießen dreht, sind meist junge Schafe. Die Fleischer schlachten die Schafe, die Bäcker backen die Osterfladen, so ist es von alters her in Griechenland.

Die Frauen haben am Gründonnerstag die Ostereier gefärbt, jetzt sind sie damit beschäftigt, die Majiritsa zu kochen, die Ostersuppe, die nicht selten schon um Mitternacht aufgetischt wird. Hier ist das Rezept dafür:

Ein Lammkopf und zwei Lammfüße, dazu an Innereien das Herz des Lammes, die Lunge, die Leber und die Nieren.

Gebraucht werden außerdem zwei Köpfe Salat und mindestens 250 Gramm junge Zwiebeln samt dem Grün daran. An Kräutern kommen je zwei Eßlöffel Dill und Petersilie, fein gewiegt, dazu. Ferner werden gebraucht: 100 Gramm Pflanzenfett, eine Tasse Weißwein, ein Eßlöffel Mehl, sechs Eßlöffel Reis, Salz, Pfeffer und — die Zitronensoße.

Der Kopf samt Lammfüßen wird in lauwarmem Wasser zusammen mit dem Essig eine Stunde beiseite gestellt. Danach gut gewaschen und mit kaltem Wasser bedeckt zum Kochen gebracht, abgegossen, abgespült und mit frischem Salzwasser eine Stunde sachte geköchelt.

Inzwischen werden die Innereien gewaschen, vier Minuten sprudelnd gekocht, aus dem Kochwasser gefischt und kalt abgespült. Man läßt sie abtropfen und schneidet sie sehr fein.

Auch der Kopfsalat, die Zwiebeln mit dem Grün werden fein geschnitten und zusammen mit den Kräutern und den Innereien im Pflanzenfett acht Minuten geschmort. Dann wird das Mehl daruntergerührt und der Wein dazugegossen. Sobald er verschmort ist, kommt die Brühe dazu, in der Lammkopf und Lammfüße gekocht worden sind. Man passiert die Brühe durch ein Sieb. Sollte es zuwenig Flüssigkeit sein, gießt man noch etwas Wasser dazu.

Nun muß alles zusammen eine halbe Stunde sachte vor sich hin schmoren.
Danach ist der Reis an der Reihe, in den Topf zu wandern. Zwanzig Minuten soll er nun mit den anderen Zutaten vor sich hin simmern. Inzwischen klaubt man das Fleisch von Lammkopf und -füßen und schneidet es ebenso fein, wie die Zunge und das Hirn geschnitten werden müssen. Es kommt sofort in den Suppentopf, und alles zusammen läßt man noch acht Minuten kochen. Jetzt muß die Suppe vom Feuer. Sie wird mit Zitronensoße begossen und sofort serviert.
Die Zubereitung einer griechischen Ostersuppe ist aufwendig. Kein Wunder, daß die Frauen aus der Küche nicht herauskommen und es den Männern überlassen bleibt, das Osterlamm über der Holzkohle zu drehen. Trotzdem keine Ostersuppe ohne Zitronensoße. Und hier ist das Rezept:
Vier Eidotter, vier Eßlöffel Zitronensaft und vier Eßlöffel heiße Brühe werden benötigt.
Die Eidotter werden sehr schaumig geschlagen, zu ihnen kommt langsam, sehr langsam der Zitronensaft. Alles zusammen wird noch einmal ordentlich weitergeschlagen. Und wiederum wird die Brühe sehr langsam zu Eigelb und Zitronensaft getropft.
Die Soße wird in das Gericht eingerührt und muß vor dem Auftragen fünf Minuten bei zugedecktem Topf ziehen. Aber Vorsicht ist geboten. Die Zitronensoße darf auf keinen Fall kochen, weil sie sonst gerinnt.
Was das Grillen betrifft, ist es ja bei uns in den Sommermonaten auch selbstverständlich geworden und nicht nur der Mittelpunkt einer Familienfeier oder nachbarlichen Festlichkeit. Aber ein ganzes Schaf drehend über Holzkohlenfeuer garzumachen, ist immer noch eine Seltenheit. Trotzdem sollen die Rezepte zu drei Gerichten folgen, in denen Lammfleisch die Hauptrolle spielt. Und um beim Grillen zu bleiben, soll gegrilltes Lammfleisch auf Spießen den Anfang machen.
Je nachdem, wie viele Personen erwartet werden, sollte man Lammfleisch von der Keule einkaufen, pro Person etwa 250 Gramm. Das Fleisch wird gewaschen, trockengetupft und in mittelgroße Würfel geschnitten. In eine Tasse Olivenöl, das mit einem ordentlichen Schuß Weißwein versetzt ist, kommen

zwei große Zwiebeln, in sehr feine Scheiben geschnitten, vier zerdrückte Zehen Knoblauch, ein Eßlöffel möglichst frischer Thymian, ein Eßlöffel Oregano, Pfeffer und Salz. Diese Zutaten werden gut vermengt und kommen in eine Schüssel. Zuletzt werden die Fleischwürfel daruntergerührt, und alles zusammen kommt in den Kühlschrank.

Am anderen Tag werden drei bis vier feste Tomaten, Zwiebelscheiben und in Stücke geschnittene Paprikaschoten abwechselnd mit den Fleischwürfeln auf kleine Spieße gesteckt. Die Spieße werden mit Olivenöl bepinselt, mit Pfeffer und Salz bestreut und über Holzkohlenfeuer gegrillt.

Die Menge des Rezeptes läßt sich je nach Besucherzahl natürlich vervielfältigen, und es würde sich dazu ein griechischer Bauernsalat aus Tomaten, Gurken, Paprika, grünen Bohnen und Zwiebeln besonders eignen, in den auch noch drei Knoblauchzehen durch die Knoblauchpresse hineingedrückt werden. Er wird rund mit Olivenöl und viel zerbröckeltem Schafskäse.

Das nächste Rezept ist ein gespickter Lammrücken.

Für vier Personen sollte es ein Stück Lammfleisch von anderthalb Kilo sein. Zusätzlich werden 125 Gramm fetter Speck gebraucht, der in vier Zentimeter lange schmale Streifen geschnitten wird. Mit ihnen wird der Lammrücken gespickt, nachdem er mit heißem Wasser überbrüht und dann gesalzen worden ist. Er wird mit heißem Fett übergossen und in den Bratofen geschoben, der auf 220 Grad vorgeheizt werden muß. Der Rücken soll öfters beschöpft werden, und nach zwanzig Minuten Garzeit bekommt er Gesellschaft. Es werden ca. 1000 Gramm kleine, geschälte (neue) Kartoffeln dazugelegt, leicht gesalzen und mit Majoran überstreut. Alles zusammen wird nun fertiggebraten.

Dann wird das Fleisch portioniert und zusammen mit den ringsherum gelegten Kartoffeln auf einer vorgewärmten Platte serviert. Sollte der Fleischsaft zu fett sein, kann das üppigste Fett abgeschöpft werden.

Ganze grüne Bohnen, gekocht und in Butter geschwenkt und mit frischer Petersilie bestreut, eignen sich vorzüglich als Beilage.

Das große Festessen wäre eine Lammkeule, die ein Gewicht von drei Kilo haben müßte. Es wird sich deshalb immer um die Keule eines junges Schafes handeln. Der Keule tut es gut, in eine Beize aus anderthalb Liter leicht gesalzener Buttermilch gelegt zu werden, in die drei Lorbeerblätter gehören, drei zerdrückte Nelken, sechs gequetschte Wacholderbeeren und ein paar zerstoßene Pfefferkörner.

In dieser Beize sollte die Keule mindestens zwei Tage im Kühlschrank ziehen, und sie sollte ab und zu umgewendet werden.

Am Tag des Festessens wird die Keule aus der Beize genommen und das Fleisch gut trockengetupft. Vorher sind vier schöne große Knoblauchzehen feingehackt und fünfzehn große Scheiben durchwachsener Speck zurechtgeschnitten worden. Zuerst wird nun die Keule mit dem Knoblauch eingerieben und dann mit dem Speck umhüllt. Ist das geschehen, kommt sie in den Backofen, der auf 220 Grad vorgeheizt worden ist, und brät darin gute hundertzwanzig Minuten.

Nach dieser Bratzeit werden die Speckscheiben entfernt, die Keule wird mit frischen Salbeiblättern belegt, wozu man fünfundzwanzig Stück braucht, und noch einmal zehn Minuten in den Ofen geschoben. In dieser Zeit werden in einem Topf dreißig Gramm Butter zerlassen, in der ein gehäufter Eßlöffel Mehl eingerührt hellbraun werden muß. Die Marinade der Keule wird durch ein Sieb gegossen und nach und nach dazugegeben und zu einer dicken Soße eingekocht.

Ein guter Eßlöffel Tomatenpüree kommt dazu und, wie es sich gehört, Salz, Pfeffer und Paprika.

Dieser Soße wird der Bratensaft der Keule zugegeben und alles zusammen noch einmal ordentlich eingekocht. Der Soßentopf kommt von der Kochplatte, bevor die Soße mit süßer Sahne rundum verfeinert wird.

Bei mir gibt es zur Lammkeule meistens Wirsinggemüse. Man kann das Gemüse aber auch weglassen. Die Soße ist so köstlich, daß es genügt, Kartoffeln dazu zu essen, vielleicht die ersten neuen, die es zwar bei uns noch nicht gibt, die aber aus Israel kommen, aus Spanien oder Sizilien.

Wer danach keine große Lust mehr auf einen Nachtisch verspürt, wem andererseits ein Espresso oder eine Tasse Kaffee zuwenig ist, um das Ostermahl abzuschließen, der könnte viel-

leicht Gefallen daran finden, ein Glas selbsthergestellten Eierlikör zu genießen. Er sollte wenigstens eine Woche vor Ostern angesetzt worden sein, damit sich sein Aroma gut entwickeln kann.

Ich nehme zum Eierlikör keine Dosenmilch, ich nehme dazu einen Viertelliter süße Sahne, fünf Eigelb, ein Päckchen Vanillezucker, 150 Gramm Puderzucker und ein Achtelliter reinen Alkohol. Ich verrühre die Sahne, das Eigelb und den Zucker in einem Topf und schlage das Ganze eine halbe Stunde mit der Hand, mit der Küchenmaschine ist dasselbe Ergebnis in zehn Minuten erreicht. Danach kommt unter ständigem Rühren nach und nach der Alkohol dazu. Das Getränk wird in Flaschen gefüllt und muß einige Tage stehen. Keine Angst, wenn sich Dünnes von Dickem absetzt. Bevor der Eierlikör serviert wird, muß er durchgeschüttelt werden. Er schmeckt vorzüglich.

Von dunkler Farbe ist der Eiercognac. Man kann ihn auch mit Weinbrand herstellen, aber wie hört sich denn Eierweinbrand an?

Dazu werden benötigt: Fünf Eigelb, eine Stange Vanille, 250 Gramm Zucker und ein halber Liter Weinbrand oder Cognac. Wieder werden Eigelb, ausgeschabte Vanillestange und Zucker dreißig Minuten von Hand gerührt oder zehn Minuten mit der Küchenmaschine, so lange jedenfalls, bis sich der Zucker gelöst hat und die Masse schön schaumig ist. Wieder kommt langsam der Cognac oder Weinbrand dazu. Das Ergebnis wird einen Augenblick stehengelassen, einmal umgerührt und in Flaschen gefüllt. Bevor es auf den Tisch kommt, wird es durchgeschüttelt. Von Eierlikör auf Eiercognac habe ich mich in dem Augenblick umgestellt, als uns Freunde eine Fünfliterflasche Weinbrand geschenkt haben.

Etwas ganz Besonderes wäre es allerdings, ein österliches Festmahl mit einem Eiergrog zu beschließen. Eiergrog hört sich nach Winter an, nach Kälte, nach durchgefroren, was auch stimmt. Man kann diesen Eiergrog aber durchaus zu anderer Jahreszeit genießen. Vielleicht nicht gerade, wenn das Thermometer fünfundzwanzig Grad Wärme zeigt.

Eiergrog muß schnell zubereitet werden. Man nimmt für jede Person am Tisch ein Eigelb, einen Eßlöffel Zucker und dazu

8 cl Rum. Das Eigelb muß mit dem Zucker gut schaumig gerührt werden und wird in ein vorgewärmtes Eiergrogglas gefüllt. Zu den 8 cl Rum kommt die gleiche Menge Wasser, beides wird in einem Topf erhitzt — nur erhitzt — und danach zu der Eiercreme in das Glas gegeben.

Natürlich braucht man nicht jeden Eiergrog für sich anzurichten. Fünf Personen: fünf Eigelb, fünf Eßlöffel Zucker, 40 cl Rum, die gleiche Menge Wasser.

Schön wäre es allerdings, wenn dieser Eiergrog auch in Eiergroggläsern auf den Tisch kommen könnte. Ich habe lange Jahre in Antiquitätengeschäften danach gesucht. Inzwischen besitze ich zweimal vier davon, zweimal vier verschiedene. Aber es ist besonders festlich, wenn ich mit den kleinen bauchigen Gläsern zum Tisch komme.

Eiergrog ist ein norddeutsches Getränk. Hier bei uns an der Niederelbe fängt es damit gerade an. In Schleswig-Holstein ist er gang und gäbe. Trotzdem sollte er in diesem Buch nicht fehlen. Wenn Ostern zeitig fällt und das Wetter kühl und unfreundlich ist, kann ein Eiergrog bei der Tafel überall der Höhepunkt sein.

Kreuzige, kreuzige ihn!

Im zwölften Kapitel wird von Karfreitagsprozessionen berichtet, von einer Kreuztracht, die heute noch stattfindet wie vor Jahrhunderten, von ernsten Passionsspielen und solchen, bei denen der Teufel als großer Spaßmacher aufgetreten ist.

In diesem Jahr habe ich die Kreuztracht in der Stadt Meppen miterlebt, Meppen in Westfalen. Ich hatte mich in der Frühe auf den Weg gemacht. Regenschauer zogen am Himmel dahin, der Wind trieb sie vor sich her. Als ich ankam, standen die Leute schon bis ans Kirchenportal. Unter den schwarzen Tüchern vor dem Altar sah ich das Kreuz stehen, hoch aufgerichtet. Vor den Kirchentüren baten die Angehörigen der Kreuzbrüderschaft um eine Spende. Sie waren würdevoll angetan mit Gehrock, Schärpe und Zylinder.

Aus ihrer engsten Mitte wird derjenige ausgewählt, der Jesus verkörpert und das Kreuz durch die Stadt trägt. Dreizehn Männer sind es, die der Mitte dieser Kreuzbrüderschaft angehören, dreizehn in Erinnerung an Jesus und seine Jünger. Außer ihnen weiß niemand, wem die Ehre zuteil geworden ist, den verurteilten Christus darzustellen. Ebensowenig erfährt ein Außenstehender, wer sich unter dem Gewand Simons aus Zyrene verbirgt, der Christus das Kreuz tragen hilft. Die Gesichter der beiden sind von langhaarigen dunklen Perücken verhüllt. Das ist gut. So bleibt der tragische Ernst dieser Darstellung gewahrt, so wird das Geschehen von Jerusalem greifbar.

Ist diese Kreuztracht von einem Passionsspiel übriggeblieben, wie sie vor Jahrhunderten üblich waren und wie sie immer noch aufgeführt werden, regelmäßig oder gelegentlich? Nein, diese Kreuztracht ist immer nur eine Prozession gewesen.

In Oberammergau dagegen spielt alle zehn Jahre ein ganzes Dorf die Passion, das Spiel vom Leiden Christi. Besucher aus der ganzen Welt kommen, um es sich anzusehen. Die Passionsspiele in Oberammergau werden nicht in der Passionszeit aufgeführt, was dem Sinn entsprechen würde, sondern mitten im Sommer. Aber Leidenszeit bleibt Leidenszeit. Bei den Oberammergauern war es die Pest, die sie im Jahre 1633 das Gelübde ablegen ließ, die Passion Christi in einem Schauspiel darzustellen. Bereits ein Jahr später lösten sie ihr Gelübde ein, und wenn es zu diesen Passionsspielen im Laufe der Zeit viele Stimmen dafür und dagegen gegeben hat, sie werden alle zehn Jahre aufgeführt.

Die meisten der mittelalterlichen Passionsspiele wurden in lateinischer Sprache gespielt. Latein war nichts für das Volk, deshalb mußten sie über die drastische Darstellung wirken. Zur drastischen Darstellung eignet sich aber niemand besser als der Teufel. Der Teufel hatte den Leuten aufs Maul geschaut, und nicht nur das. Er kannte alle ihre Schwächen, dazumal Sünden genannt, Sünden, die ein jeder beging oder gern begangen hätte, wenn ihm nur Gelegenheit dazu geboten wäre. Also stand der Teufel allen Zuschauern sehr nahe, nicht zuletzt, weil er auch ein großer Spaßmacher und Verführer war. Er stand ihnen viel näher als der Erhabene, der ernsthafte Jesus, der ihnen sagte, daß er am Kreuz für sie sterben müsse, um sie von ihren Sünden zu erlösen.

Es hat viele Passionsspiele gegeben, wenige sind erhalten geblieben. Das Augsburger Passionsspiel sei erwähnt und das St. Gallener. In niederdeutscher Sprache gab es das Redentiner Osterspiel. Aus der Steiermark stammt ein Passionsspiel, das auf eine aus dem Jahre 1828 stammende Handschrift aus dem oberen Murtal zurückgeht. Sie ist im Laufe der Zeit bearbeitet worden und wird in Auszügen hier wiedergegeben.

Zuerst aber soll der Ablauf eines Passionsspieles geschildert werden, wie jenes, das am Karfreitag in Geisa in der Rhön abgehalten wurde. Anna Maria Girard, als Erzieherin im Hause des Herrn von der Tann tätig, berichtet in einem ausführlichen Brief aus dem Jahre 1752 davon.

„ ... Um Mittag begann die Prozession. An der Spitze ging der Tod mit dem Spieß in der Hand. Dann kam der ewige Vater. Ihm folgten Adam und Eva, die ich, weil die sehr wohl gekleidet waren, nicht erkannt haben würde, wenn ich nicht den

Baum gesehen hätte, den man zwischen ihnen trug. Dann war der Patriarch Abraham und sein Sohn Isaak, der das Holz zum Opfer trug. Gefreut hättest Du Dich über den kleinen Joseph, den seine Brüder mit rosafarbigen Bändern gefesselt hatten, von denen jeder ein Ende in der Hand hielt; ... Moses mit den Gesetzestafeln war nicht vergessen, ebensowenig die Schlange Aarons. Simson, den Delila an einem Bande führte, sah sehr gut aus; er trug einen Helm, einen Panzer und eine Maske, und Delila war wohl frisiert und hatte ein Kleid von schwerem grünen Seidenzeug (une robe de gros de tour vert) an. Danach kam der König David, Harfe spielend. Ihm folgten eine Anzahl heiliger Frauen, deren Namen ich Dir nicht nennen kann, da sie mir durchaus unbekannt sind; sie waren alle frisiert und mit verschiedenfarbigen seidenen Gewändern angethan. Die hiernach kamen, waren nicht so prachtvoll, es waren etwa zweihundert Büßer mit ausgebreiteten Armen in Säcken, die an den Stellen von Augen und Mund Löcher hatten und ihnen vom Kopf bis zu den Füßen reichten. An diesen Säcken waren Ärmel angebracht, durch die Stäbe gesteckt und an denen die Hände der Büßer angebunden waren. Diesen folgten vier Männer, welche eine Figur trugen, die den Heiland am Ölberge darstellte. Mehrere andere trugen Marterwerkzeuge. Hannas und Kaiphas gingen einher an der Spitze der Juden; diese führten einen Mann, der der Heiland sein sollte, den sie an mehreren ihm mitten um den Leib gebundenen Stricken mit Geschrei von einer Straßenecke zur anderen zerrten. Dann erschienen Herodes, Pontius Pilatus und der Hauptmann, alle Drei zu Pferde, darauf 76 Büßer, wie die ersten gekleidet, nur mit dem Unterschied, daß die Säcke an der Stelle des entblößten Rückens offen waren; sie schlugen sich mit Geißeln, deren Schnuren am unteren Ende mit Messinghaken versehen waren, die bis ins Blut drangen, was sehr häßlich anzusehen war. Judas mit seinem roten Barte und großem ledernen Geldbeutel, schritt zwischen zwei Teufeln einher, die ihn ohrfeigten und von denen der Eine ungeheuer große Hörner und der Andere einen armsdicken Schwanz trug, den er zwischen seinen Beinen durchgezogen und über die Schulter gelegt hatte. Die Jungfrau und der heilige Johannes folgten dem Heiland, der sein Kreuz trug

und von Simon von Cyrene unterstützt wurde. Dann kamen 36 Büßer in Säcken, von denen ein jeder ein Kreuz trug, das sehr schwer zu sein schien. Der Sarg, den wir in der Kirche gesehen hatten, und der von acht Männern getragen wurde, beendigte die Prozession. Alle Katholiken, die auf der Straße waren, warfen sich auf die Knie, sobald sie den Zug erblickten."
Nun zum steirischen Passionsspiel, das zuletzt 1938 aufgeführt wurde, leider in einer modernisierten Fassung.
Christus eröffnet das Spiel am Berge mit seinen Jüngern.

Christus: Ihr wisset, liebste Jünger mein,
daß nun die Ostern kommen herein,
darin des Menschen Sohn auf Erden
dem Tod soll übergeben werden.
Muß leiden Ruten, Geißel und Dorn,
damit das Schäflein nicht gehet verlorn.

Es folgt der berühmte Abschied von Maria und Christus mit den drei Bitten der Maria, schon seit dem 15. Jahrhundert bekannt.

Christus: Ach allerliebste Mutter mein,
mein Leiden wird anfangen.
Nun weiche ich nicht von dir,
nun heißt's Abschied genommen.
Maria: Ich verhoffet allezeit
denn nicht ohne groß Herzeleid.
So bitt ich doch, wann's geschehen kann,
die Zeit des Leidens zeig mir an.
Darum, o liebster Sohn, ich bitt,
wann's geschehen soll, verhalt mir's nit.
Christus: Herzallerliebste Mutter mein,
deine Bitt' soll dir gewähret sein.
Wir hatten oft genossen Freud,
jetzt wird's verkehrt in Traurigkeit.
Wisse denn, liebste Mutter mein,
Morgen zur Nacht die Stund' bricht ein,

daß ich muß nehmen gute Nacht,
ob's mir schon große Schmerzen macht.
Sodann wird mit mir alles geschehen,
was prophezeit tut geschrieben stehen.
Betrüb dich nicht, gib dich darein,
das menschlich' Geschlecht muß erlöset sein.

Maria: Ach weh! Ach weh! Verfluchte Sünd,
wohin bringst du mein liebstes Kind!

Christus: O Mutter, was betrübst du dich,
du weißt dies ja so wohl als ich,
daß der Willen des Vaters mein
vollkommen muß erfüllet sein.
Gefällt dir dann nicht des Vaters Will?
Die Welt zu erlösen ist mein Will.
Darum gib dich geduldig drein,
das menschlich Geschlecht muß erlöset sein.
Alle Menschen sonst wären verloren,
darum bin ich als Mensch geboren.

Maria: Nicht ist mir 's Vaters Will zuwider,
nur der Natur fallt's also z'wider,
das mein Sohn so früh von mir abscheid'.
Ach weh, ach weh! Was Herzeleid!
Nun bitt ich dich, o herzliebster Sohn,
ach, höre doch mein Bitten an.
Verschieb noch auf eine Zeit dein' Tod,
bist ja selbst mit dem Vater Gott.
Laß uns noch ein' Zeit beisammen sein
zum Nutz und Heil der ganzen Gemein'.

Christus: Liebste Mutter, nicht klag so sehr,
betrübst mein Seel und Herz noch mehr.
Kunnt's zwar verschieben auf ein Zeit,
doch ist der Schluß von Ewigkeit.
Ich muß zu meinen besten Jahren
des Todes Bitterkeit erfahren
mit Kräften und Empfindlichkeit,
wo die Natur den Tod am meisten scheut.

Maria: O liebstes Kind, es ist Leid,
doch ist es mir kein' Möglichkeit,

daß ich die Zähren kann erwehren
und dir damit dein Herz beschweren.
So gewähre mir doch diese Bitt',
kein so schmählichen Tod erwähle nit.

Christus antwortet nicht. Unterdessen überredet der Höllische
Rat, das sind Luzifer, Satan und Beelzebub, den Judas dazu,
Christus zu verraten. Der Rat der Hohenpriester tagt ebenfalls
und berät, wie dieser aufrührerische Christus loszuwerden sei.
Christus vollzieht mit den Jüngern das Abendmahl.

Christus: Nun, so lasset uns jetzt eben
noch ein' kleine Zeit in Ruhe leben.
Ich hab euch allezeit geliebet
und euch stets in der Lieb' geübet.
Doch muß ich bald von euch scheiden
und trinken diesen Kelch der Leiden.
Eine kurze Zeit verbleib ich hier.
So seid noch fröhlich heunt mit mir.

(Erste Segnung)

Mein Segen soll bei euch walten
und euer Lieb' soll gegen mich niemals mehr
erkalten.
Gesegnet sei auch diese Speis,
daß ihr alle davon esset mit Fleiß.
Den Frieden tue ich euch schenken,
daß ihr an mich noch sollet denken.
Ihr werdet es erfahren in der Tat,
daß ich euch liebe bis in den Tod.
Die Feinde werden mich umgeben
und mir nehmen ja gar das Leben.
Doch seid getröst' mit mir allzeit
sowohl im Trauern als im Leid.
Dies ist mein Leben, und jetzt eben
ich euch allen werde davon geben.
Esset alle insgemein,
das soll zu eurer Gedächtnis sein.

(Zweite Segnung)

Dies ist der Kelch meiner Leiden.
Merkt, ich werde bald müssen von euch scheiden.
Trinket daraus insgemein.
Meines Todes werdet ihr bald gewiß versichert sein.
Welcher aber ganz vermessen
dies Brot unwürdig wird genießen,
soll stets meines Todes Ursach' sein.
Dies alles sage ich euch anjetzo insgemein,
dies alles ist auch zu verstehen
von dem Kelch, den ihr tut sehen.
Der diesen Kelch unwürdig trinken tut,
ist schuldig an meinem Fleisch und Blut.
Ich sage euch dies alles mit betrübtem Herzen.
Einer unter euch wird mich bald verraten ...

Nach Verrat und Gefangennahme wird Christus dem Hohenpriester Kajaphas vorgeführt und von falschen Zeugen beschuldigt.

Kajaphas: Nun hörest, wie sie dich verklagen.
           Geschieht dir unrecht, so tue uns sagen.
           Ist es aber wahr, so bekenne deine Schuld
           und leid die Marter mit Geduld.
           Nun frag ich dich, und schwör bei Gott,
           daß du mir sagest ohne Spott,
           ob du denn wohl Messias heißt.
           Dies bekenne und beweis!
Christus: Du hast es gesagt, daß ich es bin.
           Werdet mich auch nit mehr sehen vorhin,
           bis ihr werd't sehen des Menschen Sohn
           sitzen zur Rechten der Kraft Gottes schon.
Kajaphas: Nun hört all', wie gottlästerlich
           der gefangene Mann verantwort' sich.
           Nunmehro habt ihr selbst gehört,
           daß sein Reden des Todes wert.
           Hat Gott geschmäht in seiner Ehr'.

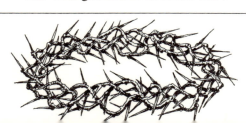

Was braucht man viele Zeugen mehr?
Wie auch das G'satz ausdrücklich spricht,
daß solches zu gedulden nicht
und jener, welcher lästert Gott,
verdammt seie zu dem Tod.

Hannas: Vermög' seiner Wort zumal
hat er den Tod verdienet wohl.
Kann auch nicht mehr·erbeten werden.
Gotteslästerei muß gestrafet werden.

Simon: Das Gesatz spricht selbst das Urteil dran:
getötet muß werden dieser Mann.
Die Wort' ihn selbst zum Schuldner machen,
kein Bitten hilft in dieser Sachen.

Ibrahim: Kein' Gotteslästerer soll man leben lassen.
Er g'hört zum Tod verdientermaßen.
Obschon kein Zeug' vorhanden wär,
der reden kunnt von seiner Lehr,
so hat er doch schon selbst gesprochen.
Das kunnt nicht bleiben ungerochen.

Christus wird für schuldig befunden und dem römischen Statthalter Pilatus vorgeführt. Der jedoch will ihn nicht verurteilen und gibt Christus in die Gewalt der Juden zurück. Christus
wird gepeinigt und zum Tode verurteilt.
Es kommt zur Kreuzziehung.

Rabi: Dem Sünder ist sein Kreuz zu schwer,
darum mußt du ihm helfen tragen,
wann du nicht willst werden geschlagen.

Simandl: Das Kreuz greif ich nit an.
Mein Lebtag hätt' ich die Schand darvon.

Rabi: Ist eben eins, Schand oder Spott.
Willst du nicht tragen, helf dir Gott.
Ich schlag dir halt dein' Buckel ein.
Dein Lebtag sollst ein Krüppel sein.

Simandl: Du kannst ja selber greifen zu.
Du bist noch jung und stark genug.
Ich glaub, allhier geht Gewalt für Recht.

Das ist ein lauters Teufelsgeschlecht.
Wann ich nicht geschlagen werden will,
so nimm ich 's Kreuz und sag nit viel.
Christus: Recht, mein Mensch, daß du zuhilf mir kommst,
dann ich habe das schwere Kreuz
wegen deiner aufgenommen.
Es hat schon alles sein Ziel.
Du wegen meiner und ich wegen deiner
das schwere Kreuz tragen will.

Wenig später:

Veronika: Sei gegrüßt, o Jesu mein.
Unerträglich ist dein' Pein
unter der schweren Kreuzeslast.
Niemand dich nun rasten laßt.
(Veronika reicht Jesus das Schweißtuch)
Nimm hin von mir das Schweißtuch mein.
Druck dein Angesicht darein.
Wasch ab zugleich die Sünden in mir.
Dir zu dienen ist mein' Begier'.
Dein Angesicht mit blutigem Schweiß,
das ansonsten ist wie Lilien weiß,
jetzt völlig ist verstaltet schon.
Niemand dich mehr kennen kann.
Die Stirn rot, die Augen blau,
die Wangen ganz verschwollen auch.
Der Mund und 's ganz' Angesicht verderbt,
die Wangen nicht mehr den Rosen gleich
von so viel Schläg' und Backenstreich'.
Lamech: Was hast du hier vor ein Geschrei?
Pack dich, sonst sag ich dir frei
und schwör dir beim wahren Gott,
daß ich dich werde schlagen zu Tod.
Wann du dich noch einmal wirst unterstehen
und wirst noch ferner in die Nähend gehen.

Auf dem Hügel Golgatha wird Christus ans Kreuz geschlagen.

Malchus: Ihr Brüder, euch zur Arbeit schickt.
Nehmt Leiter, Hauen, Schaufel und Strick.
Hebt auf und greift wacker zu.
Gebt aber acht, schaut wie ich tu.
Hebt auf, schiebt nach! Das Kreuz ist hoch.
Laßt tief einfallen in das Loch.
Darnach fest machet in der Erden.
Der König muß erhöhet werden.
Maria: Von der Erd' sieh ich erheben,
mein Sohn nackend am Kreuze schweben,
muß das Leben lassen daran.
Das hat der Menschen Sünd' getan.
Pilatus: Diener, bring Hammer, Nägel und Stiften!
Laß die Schrift oben dem Kreuz anheften.
Diener: Eilends steigt einer ans Kreuz hinauf
und heft die Schrift oben drauf.
Kajaphas: „Der Juden König" sollst schreiben nicht.
Es nennt sich König und ist's doch nicht.
Pilatus: Was geschrieben, ich geschrieben hab.
Christus: Vater, vergib ihnen, sie wissen nicht, was sie tun.

Maria hat Christus nach der Kreuzabnahme im Schoß.

Maria: Betrachtet doch, ihr Menschenkinder,
was mein Sohn gelitten vor die Sünder.
Ach mein Sohn, du bist nun hin.
In größter Not ich verlassen bin.
Sehet an die großen Schmerzen,
die ich empfind in meinem Herzen.
Wer will zählen die Wunden all?
Sehet an das Haupt zumal.
Die spitzigen Dorn' in der Kron'
haben ihm das größte Leid getan.
Der ganze Leib zerfetzt dermaßen,
kein Glied an ihm wurd' gesund gelassen.
Josef: Nun ist der Leib gewaschen und rein,
auch köstlich balsamieret ein.

Nikodem' tut mir's nicht versagen,
helft mir ihn zum Grab auch tragen,
damit er dorten find' sein' Ruh',
Weil auch die Nacht schon kommt herzu.

Maria von
Magdala: Laßt mich noch küssen seine Wunden,
die er an Händ und Füß empfunden.
Darbei ich vor erlange Gnad,
bei ihm zu bleiben früh und spat.
Vom Grab will ich nicht weichen ab,
bis ich mein Lieb' beweinet hab.

Maria: Ach nehmt mir nicht mein' edlen Schatz.
Sonst in mein' Herz' nichts findet Platz.
Wollt ihr ihn tragen hin von hier,
nehmt auch zugleich das Leben mir.
Der Tod wird leichter mich ankommen,
als daß mein Sohn von mir wird genommen.

Nikodemus: Maria, gib dein Willen drein.
Es kann nun nicht mehr anders sein.
Sollt er dann liegen auf der Gassen?
Lieber wollst ihn begraben lassen.

Der Beschluß wird vom Frohlockus gesprochen, sein Name ist
volkstümlich umgedeutet aus „Prologus".

Frohlockus: Nun habt ihr dieses Gespiel vernommen,
wie schmerzlich den Heiland ist ankommen
zu suchen, was verloren war.
Durch die dreiunddreißig Jahr',
die er gelebt hat auf der Erd',
hat er dem Schäflein nachgestrebt
bis er durch die Judenhänden
hat müssen sein Leben enden.
Er ist gestorben am Kreuzesstammen,
damit wir alle in Himmel kommen.
Darum bitten wir euch alle dar,
ihr wollet diese Komödie nicht verachten,
sondern bei euch selbst gar oft betrachten.

Damit wir bei Gott möchten Verzeihung finden.
Dieses wir euch allen zu einem fröhlichen
Alleluja wünschen.

Gelobt sei Jesus Christus!

Christus ist auferstanden!

Im dreizehnten Kapitel ist von einem Konzil die Rede, auf dem festgelegt wurde, wann Ostern zu feiern sei, von der Göttin Ostara, vom geheimnisvollen Osterwasser und vom Ostergelächter. Nicht vergessen sind Osterfeuer und Osterräder und noch vieles mehr.

Urbi et Orbi, so ist der Ostergruß, mit dem der Papst an jedem Ostersonntag den Ostersegen erteilt. Der Stadt und der Welt die Botschaft: Christus ist auferstanden.

Hunderttausende versammeln sich vor dem Petersdom in Rom, Millionen hören die Botschaft über das Fernsehen und den Rundfunk. Urbi et Orbi, Christus ist auferstanden. Der Papst sagt es in allen wichtigen Sprachen, und er kann sicher sein, daß die Gläubigen in der Welt auf seinen Segen warten, ob sie ihn dabei sehen oder nur hören können. In jedem Jahr bin ich beeindruckt, von welcher Freude die Menschen auf dem riesigen Platz vor dem Petersdom erfaßt werden, wenn der Papst die Botschaft verkündet: Frohe Ostern! Christus ist auferstanden, gestorben und auferstanden.

Sooft ich diese Sendung am Fernsehschirm verfolgt habe, hat sich ein seidenblauer Himmel über Rom gespannt, selbst wenn ein paar Wolken dahingezogen sind, hinweg über den Petersdom, der über dem Grab des Apostels Petrus erbaut worden ist. Warum hat Jesus den Jünger Petrus dazu bestimmt, die Christen um sich zu sammeln, Petrus, der ihn dreimal verleugnet hat?

Ich aber sage dir: Du bist Petrus, und auf diesen Felsen werde ich meine Kirche bauen, und die Mächte der Unterwelt werden sie nicht überwältigen. Ich werde dir die Schlüssel des Himmelreiches geben: was du auf Erden binden wirst, das wird auch im Himmel gebunden sein, und was du auf Erden lösen wirst, das wird auch im Himmel gelöst sein. Mt 16, 18 — 19 So ist Petrus zum Sammler der Christengemeinde geworden. In seinen späten Jahren ist er in Rom den Tod eines Märtyrers gestorben. Sein Nachfolger bis zum heutigen Tag ist der Papst in Rom.

Das geht mir vor dem Bildschirm durch den Kopf. Urbi et Orbi, Christus ist auferstanden, die Freude auf dem Petersplatz will keine Ende nehmen, die Freude über einem offenen Grab.

Wen tröstet es, der an einem offenen Grab steht, wer ist sich seines Glaubens an Auferstehung und ewiges Leben so sicher? Tod, Trennung, Abschied, Zweifel, darunter haben Jesu Jünger, seine Freunde und alle, die an seine Lehre glaubten, gelitten, obwohl er sie auf seinen Tod und seine Auferstehung vorbereitet hatte.

Maria aber stand draußen vor dem Grab und weinte. Während sie weinte, beugte sie sich in die Grabkammer hinein. Da sah sie zwei Engel in weißen Gewändern sitzen, den einen dort, wo der Kopf, den anderen dort, wo die Füße des Leichnams Jesu gelegen hatten. Die Engel sagten zu ihr: Frau, warum weinst du? Sie antwortete ihnen: Man hat meinen Herrn weggenommen, und ich weiß nicht, wohin man ihn gelegt hat. Als sie das gesagt hatte, wandte sie sich um und sah Jesus dastehen, wußte aber nicht, daß es Jesus war. Jesus sagte zu ihr: Frau, warum weinst du? Wen suchst du? Sie meinte, es sei der Gärtner, und sagte zu ihm: Herr, wenn du ihn weggebracht hast, sag mir, wohin du ihn gelegt hast. Dann will ich ihn holen. Jesus sagte zu ihr: Maria! Da wandte sie sich ihm zu und sagte auf hebräisch zu ihm: Rabbuni! Das heißt: Meister.

Jesus sagte zu ihr: Halte mich nicht fest, denn ich bin noch nicht zum Vater hinaufgegangen. Geh aber zu meinen Brüdern, und sage ihnen: Ich gehe hinauf zu meinem Vater und zu ihrem Vater, zu meinem Gott und zu eurem Gott. Joh 20, 11 — 17

Aus dieser Gewißheit, daß Christus den Tod nicht allein für sich, sondern für alle Menschen überwunden hat, wird Ostern gefeiert, alljährlich, seit dem Jahre 325, als auf dem Konzil zu Nicäa das Datum festgelegt worden ist: Am ersten Sonntag nach Vollmond, der auf die Tagundnachtgleiche folgt, die den Anfang des Frühlings bedeutet. Das ist der erste Vollmond nach dem 21. März, deshalb ist Ostern ein bewegliches Fest und fällt in jedem Jahr zeitlich verschieden. Je früher es aber fällt, desto weniger ist in der Regel vom Frühling zu spüren, obwohl es auch in der Natur eine Auferstehung gibt, die überall wahrnehmbare Wiederkehr des Lebens.

Wo aber hätten die Menschen sehnlicher darauf warten sollen, als in den rauhen Zonen Europas, nördlich der Alpen. Deshalb feierten bereits unsere Vorväter ein Frühlingsfest, bei dem in der Göttin Ostara das Licht verehrt wurde, das täglich zeitiger aus dem Osten heraufkam und länger blieb.

Gute Göttin, du vom Aufgang,
gabenreiche, du bist da!
Und wir grüßen dich mit Andacht,
gute Göttin Ostara!

Das schrieb Felix Dahn. Feste und Opfer zu Ehren der Göttin Ostara. Die Wissenschaftler zweifeln heute daran, daß es sie im heidnischen Götterglauben wirklich gegeben hat. Immerhin aber ist Jakob Grimm kein Geringer. Er hat den Vorvätern die Verehrung der umstrittenen Ostara zugebilligt.
Als nächster Zeuge wäre der angelsächsische Mönch Beda aufzurufen, der im 8. Jahrhundert ebenfalls von einer Göttin Eostrae berichtet, die im heidnischen Hintergrund des christlichen Osterfestes steht.
Und wie wären die Namen Osterburg und Osterstein zu deuten, die Orte Ober- und Unterostern und die Stadt Osterode im Harz? Wieviele Berge heißen hierzulande Osterberg! Sollten sich in dunkler Vorzeit dort nicht Opferstätten befunden haben, wo die Frühlingsfeuer angezündet wurden zu Ehren der Ostara? Behauene Steinquader und Höhlen deuten darauf hin.
Und ist denn die Sage von der Osterjungfrau schon ganz vergessen?
Ein Leineweber aus Osterode hatte sich am Ostersonnabend auf den Weg nach Clausthal gemacht, wo er ein Stück Leinen verkaufen wollte, damit seine Frau zu den Feiertagen einen schönen Osterfladen backen konnte. Wie alle Leineweber war auch dieser ein armer Mann, und der Osterfladen auf dem Tisch würde für ihn und seine Frau eine ganz besondere Mahlzeit sein. Der Weg des Leinewebers führte über einen Berg, auf dem ein verfallenes Gemäuer lag, das einstmals eine schöne Burg gewesen sein sollte, an dem alle vorüber mußten, die in den Harz wollten. Das war lange her, und niemand wußte, wer diese Burg einmal bewohnt hatte. Und so erzählten sich die Leute, daß

in dem Gemäuer eine Jungfrau lebe, der es nur einmal im Jahr gestattet wäre, ihr Gefängnis zu verlassen, zu Ostern, und deshalb wurde sie die Osterjungfrau genannt. Es gab nicht viele, die sie gesehen hatten, und wenn, dann nur von weitem, und hinterher waren ihnen auch Zweifel gekommen, ob es nicht nur der Dunst über dem Bach gewesen war, in dem sich die Jungfrau gewaschen hatte.

Es mag sein, daß dem Leineweber auf seinem Weg nach Clausthal durch den Kopf ging, was sich die Leute erzählten. Es mag aber auch sein, daß er darüber nachdachte, ob er noch am selben Tag wieder daheim sein könnte, wenn er sein Leinen gleich beim ersten Handelsherrn verkaufen würde und nicht von Haus zu Haus damit gehen müßte.

Wie's nun geht vor den Feiertagen, es waren viele Leineweber nach Clausthal gekommen, und er wurde sein Leinen nicht im ersten Haus los. Und so ergab es sich, daß er für die Nacht eine Herberge aufsuchte, in der er für ein paar Pfennige auch noch eine Brotsuppe bekam. Das ungewohnte Lager aber auf der harten Holzbank ließ ihn zeitig wach werden, und er machte sich, noch bevor der neue Tag gekommen war, auf den Heimweg. In den Ostersonntag hineinzuwandern ist auch nicht schlecht, dachte er, nicht mehr lange, und die Sonne geht auf. Immer wieder drehte er seinen Kopf nach Osten, wo es heller und heller wurde.

So war er bis in die Nähe der Burgruine gekommen. Plötzlich, als er vor sich auf den Weg sah, erkannte er, daß jemand auf ihn zukam. Oder narrten jetzt auch ihn die Dunstschleier über dem nahegelegenen Bach? Der Leineweber blieb stehen. Nein, es war wahrhaftig eine schneeweiße Jungfrau. Sie ging auf den Bach zu und wusch sich darin.

Der Leineweber konnte sich nicht von der Stelle rühren, und da sich die Jungfrau ganz in der Nähe befand, blieb es nicht aus, daß sie ihn bemerkte. Der Leineweber zog den Hut und wünschte frohe Ostern, und die Jungfrau dankte und nickte ihm freundlich zu. Da faßte sich der Leineweber ein Herz und fragte, warum sie denn so früh schon unterwegs sei. „Wer sich am Ostermorgen vor Sonnenaufgang im Wasser eines klaren Baches wäscht, bleibt jung und schön bis in alle Ewigkeit." —

„Bis in alle Ewigkeit?" fragte der Leineweber. Wieder nickte die Jungfrau freundlich, und der Leineweber fragte, ob sie denn in der Nähe wohne. „Gar nicht weit von hier", antwortete sie, „und wenn du willst, zeige ich es dir."

Sie gingen nun zusammen den Weg entlang, der zu der Burgruine führte, aber was der Leineweber vor sich sah, konnte nicht die Ruine sein, denn er sah wahrhaftig eine Burg vor sich liegen. Nicht lange darauf, und sie standen vor einem großen eisernen Tor, das hatte der arme Leineweber noch niemals bemerkt, obwohl er den Weg nach Clausthal schon oft gemacht hatte.

Vor dem großen Tor breitete sich eine Wiese aus, und mitten auf dieser Wiese blühten drei weiße Lilien. Die schöne Jungfrau pflückte eine davon, reichte sie dem armen Leineweber und sagte: „Nimm sie mit dir nach Hause, und bewahre sie zum Andenken an diesen Ostermorgen." Eine so schöne Blume hatte der Leineweber noch nie in seiner Hand gehabt. Er war verlegen, und weil er so gar nicht wußte, wohin damit, steckte er sie an seinen Hut. Als er dann aufsah und danke sagen wollte, war die schöne Jungfrau verschwunden. Genauso wie das große eiserne Tor. Jetzt war wieder nichts weiter als eine Ruine zu sehen, traurig, zerfallen.

Der Leineweber ging das letzte Stück seines Weges, und als er daheim ankam, fragte seine Frau nicht nach dem Geld, das er für das Leinen erlöst hatte. Sie zeigte auf seinen Hut und rief: „Woher hast du denn diese schöne Blume? Mann, Mann! Sie schimmert ja wie Silber und Gold." Nun erzählte ihr der Mann, was auf dem Heimweg geschehen war, und die Frau rief: „Mann, weißt du, wer dir begegnet ist? Das ist die Osterjungfrau gewesen." Sie zog die Lilie aus dem Hutband und sagte: „Sieh doch her, Mann, die Lilie ist aus Gold, Stengel und Blätter aber sind aus Silber. Oh, Mann, was ist dir für ein Glück begegnet." Der arme Leineweber konnte es zuerst nicht fassen. Nachdem er aber eine Weile darüber nachgedacht hatte, sagte er zu seiner Frau: „Was machen Leute wie wir mit einer Blume aus Silber und Gold." Zuerst war auch seine Frau ratlos, aber dann sagte sie: „Du hast recht, die Blume ist schön, aber sie nützt uns wenig. Deshalb wird es das beste sein, du bringst sie in die Stadt zum Goldschmied und bietest sie ihm zum Kauf an."

Also warteten die beiden, bis die Osterfeiertage vorüber waren, dann machte sich der Mann auf den Weg. Der Goldschmied in Osterode besah die Lilie, hielt sie gegen das Licht, wendete sie hin und her und sprach: „Ja, das Glück ist dir mit dieser Osterjungfrau begegnet. Aber ich kann dir diese Lilie nicht abkaufen, denn mein Geld reicht nicht dazu, und wenn alle wohlhabenden Männer unserer Stadt Osterode ihr Geld zusammenlegen würden, so wäre damit der Wert dieser Lilie nicht aufgewogen."

„Mein Gott!" rief der arme Leineweber. „Nun sagt ein jeder, mir wäre das Glück begegnet, und ich bleibe dabei doch ein armer Mann." — „Vielleicht gibt es einen Weg", sprach der Goldschmied. „Wie wäre es, wenn du die Lilie unserem Herzog zum Kauf anbieten würdest? Ich will dir gern vom Ratsschreiber einen Brief aufsetzen lassen, in dem ich mich für den Wert dieser Lilie mit Leib und Leben verbürge."

Gesagt, getan. Der arme Leineweber ging mit der Lilie an den Hof des Herzogs, aber selbst der Herzog war nicht in der Lage, das Geschenk der Osterjungfrau auf einmal zu bezahlen. Also wurde er sich mit dem Leineweber einig, ihm alljährlich soviel Gulden auszuzahlen, daß er mit seiner Frau gut davon leben konnte. Aber nicht nur der Herzog selbst würde ihm diese Summe zahlen, sondern auch sein Sohn, sobald er Herzog geworden wäre. Damit waren alle zufrieden.

Wie nicht anders zu erwarten, redeten die Leute im Harz eine Zeitlang von nichts anderem als von der goldenen Lilie, und wenn am herzoglichen Hof große Feste gefeiert wurden, dann drängten sich die Leute vor den Fenstern und Türen. Alle wollten die Lilie sehen, die von der Herzogin getragen wurde. Im herzoglichen Wappen aber befanden sich seit dieser Zeit drei Lilien zur Erinnerung an das Geschenk der Osterjungfrau.

Aus dieser längst vergangenen Zeit mag eine Gewohnheit stammen, die bis zum heutigen Tag erhalten ist: In der Osternacht auf die aufgehende Sonne zu warten, die an diesem Morgen nicht erscheint wie an jedem anderen. Am Ostermorgen springt sie dreimal vor Freude empor, und wer genau hinsieht, kann in der Mitte ihres Strahlenkranzes ein Lamm erkennen, das Osterlamm. Auch leuchtet sie wie an keinem anderen Tag in vielen Farben. Das sind die Engel, die sich in leuchtenden Gewändern um die Sonne drängen.

Nun ist die Deutlichkeit solcher Beobachtungen vom Wetter abhängig, wie überhaupt das Brauchtum des ersten Ostertages nach Sonne verlangt und einem blauen Himmel. Regen ist allenfalls während der Speisenweihe zu ertragen, die unter dem schützenden Kirchendach stattfindet und wo ohnehin alles, was nach dem Hochamt verspeist werden soll, hübsch in Körbe verpackt ist. Der Osterschinken ebenso wie das Rauchfleisch, die gefärbten Eier, der Wein, der Meerrettich, der soll übrigens mit den Tränen, die er beim Essen hervorruft, an das bittere Leiden Christi erinnern.

Das Osterlamm aus Kuchenteig, das selbstverständlich mitten im Korb seinen Platz hat, kann vor eventuellen Regengüssen mit einem Tuch geschützt werden, damit sein empfindlicher Zuckerguß nicht Schaden nimmt.

Die Speiseweihe könnte also einen verregneten ersten Osterfeiertag ertragen, mit dem Osterspaziergang dagegen sieht es anders aus. Zu einem solchen Ausflug durch Wiesen und Wälder gehört einfach Frühlingswetter mit anheimelnden Temperaturen und dem Duft nach erstem Grün. Es müssen nicht unbedingt Veilchen am Wege stehen, aber ein paar Buschwindröschen möchten es schon sein. Und was das Wasserholen betrifft in der Frühe, das Osterwasser, das schönheitsspendende, das seine Wirkung über das ganze Jahr nicht verliert, so bringt gutes Wetter gewiß mehr junge Mädchen aus den Betten als schlechtes. Obwohl diejenigen, die auf das Osterwasser ihre Hoffnung setzen, sich vermutlich nicht einmal von Hagelschauern würden abhalten lassen, um in den Besitz dieses Zauberwassers zu kommen. Auch soll im Wasserspiegel das Bild des Zukünftigen zu erkennen sein.

Die Hauptsache bei diesem Osterwasserholen ist aber das Stillschweigen, sowohl auf dem Hinweg wie auf dem Rückweg. Plapperwasser nützt nichts, heißt es. Deshalb ist es ratsam, den Weg alleine zu machen. Das kann seine Schwierigkeiten haben, wenn die jungen Männer davon wissen. Da die Burschen den wundertätigen Wasserkräften viel weniger trauen, versuchen sie die Mädchen auf dem Heimweg zum Sprechen oder wenigstens zum Lachen zu bringen. Wodurch nicht nur die Mühe des frühen Aufstehens verpufft, sondern der ganze Zauber außer Kraft gesetzt ist. Und das bis zum nächsten Osterfest.

Nun soll aber auch von ernstzunehmendem Osterwasser die Rede sein, von dem feierlich geweihten, in das die Osterkerze getaucht wird. Seine Weihe wird am Abend des Ostersamstags vorgenommen, und es wird als Taufwasser aufbewahrt für das ganze Jahr. Diese Wasserweihe soll bis zum heutigen Tag daran erinnern, daß sich in der Zeit der frühen Christen die Täuflinge in weißen Hemden in der Kirche einfanden, um getauft zu werden. Menschen, die bereit waren, für ihren Glauben Leiden und Verfolgung und, wenn es sein mußte, den Tod auf sich zu nehmen.

Von alters her dürfen die Gläubigen einen Krug dieses Taufwassers mit nach Hause nehmen, zum Schutz für die Gesundheit aller, die zum Haus gehören. Ein paar Tropfen an die Obstbäume gespritzt, ein paar Tropfen auf die Felder gesprengt, und eine reichliche Ernte ist sicher. Es hilft auch gegen Gicht, gegen Fieber und gegen Sommersprossen, ja, auch dagegen.

Dem ersten Osterfeiertag aber geschähe bitteres Unrecht, wenn nicht endlich davon die Rede wäre, wie reichhaltig nach beendetem Fasten getafelt, aufgetischt und gegessen wird. Mögen die geweihten Speisen auch sorgsam geteilt und mit Bedacht gegessen worden sein, spätestens mit dem Mittagessen setzt das ein, was in meiner schlesischen Heimat eine richtige Frassante genannt wurde.

Bis heute hat in vielen Familien noch immer das Osterlamm seinen Platz auf der Osterfesttafel; besonders in ländlichen Gegenden. Aber auch in den Restaurants der Städte steht der Lammbraten obenan auf der Speisenkarte. Danach wäre gleich der Schinken zu nennen, von dem auch schon die Rede war. Es folgen unterschiedliche Braten, je nach Landschaft. Das gilt für Beilagen ebenso wie für Vorspeisen und Nachspeisen.

In Gegenden, wo man sich darauf einrichtet, stundenlang am Tisch zu sitzen, geht es ja nicht gleich mit dem Braten los, sondern mit Plinsen, Küchlein, Eierspeisen. Es hört auch mit der Nachspeise nicht auf. Die geht vielmehr über in die Gebäcke, die als Osterhasen, Osterlämmer, Osternester, Ostermänner,

Ostervögel und Osterhähne auf den Tisch kommen. Ihnen allen ist eines eigen: Irgendwo tragen sie ein Ei, wenn nicht mehrere, zur Schau. Ich habe mir erzählen lassen, daß ein junger Mann, der zu Ostern Gast bei slowakischen Bauern war, vierundzwanzig Stunden lang nicht vom Tisch weggekommen ist.

In Siebenbürgen war es notwendig, einen dritten Osterfeiertag einzulegen, an dem mit Nachbarn, weitläufigen Verwandten und zufällig Vorbeikommenden die Reste aufgegessen wurden.

Mir selbst ist immer wieder unverständlich, wie die Leute nach der wochenlangen Fastenzeit diese plötzliche Völlerei vertragen haben. Ob es ihnen mit der Fastenzeit doch nicht so ernst gewesen ist?

Ich muß dabei immer an meine alte russische Freundin denken, die in einem Kosakendorf an der Wolga großgeworden war. „Meine Geschwister und ich haben eingehalten die Fastenzeit immer ganz genau. Wenn Mutter sagte: Zwei Eier, Kinderchen, zwei für den langen Schulweg, haben wir den Kopf geschüttelt. Es ist Fastenzeit, Mütterchen, es ist Fastenzeit. Unser Schulweg war zwei Stunden lang, mußt du wissen."

Aber nach der Fastenzeit kam die Zeit der Blinis mit Sauerrahm, das süße Brot, der Kulitsch, kam und der Lammbraten. Wie hat sich das bloß alles miteinander vertragen, wenn man bedenkt, daß es mit dem ersten Osterfeiertag nicht getan war.

Für den zweiten Osterfeiertag war es den Pfarrern durch eine lange Zeit hindurch geboten, die Gläubigen ein wenig aufzuheitern und nach der ernsten Passionszeit von der Kanzel herab zum Lachen zu bringen. Wodurch die allgemeine Fröhlichkeit also kirchlich abgesegnet wurde. Das hieß für die predigende Priesterschaft, sich rechtzeitig nach einer entsprechenden Geschichte umzusehen. Heutzutage, da Zeitung, Rundfunk und Fernsehen die Leute nicht nur täglich, sondern beinahe stündlich unterhalten, wäre das ein höchst fragwürdiges Unternehmen. Damals aber, als es noch einem Abenteuer glich, in die nächste Stadt zu reisen, als das neueste Geschehen durch Flugschriften verbreitet wurde, die nur wenige lesen konnten, muß es geradezu ein umwerfendes Erlebnis gewesen sein, von der Kanzel herab heitere Worte zu vernehmen und gemeinsam mit den anderen Gläubigen zu lachen.

In Westfalen erzählte einmal ein Pastor diese Geschichte:
Zwischen Werl und Soest, da wohnte ein Mann, der hieß Knäust.

Werl und Soest, dat is eene so feine Stadt wie Unna, und dat de Mann een Buur war, versteit sik, weil he dorzwisten wohnde.

Knäust hatte drei Söhne. Der eine war blind, der andere war lahm, und der dritte war splitterfasernackt.

Jo, mannek eener hätt schon sin Plog mit de Blagen.

Da gingen sie einmal über das Feld und sahen da einen Hasen.

Jo, de Rackers, de sitten do üm disse Tied, dat wisst ju oll.

Der Blinde, der schoß ihn, der Lahme, der fing ihn, und der Splitterfasernackte steckte ihn in die Tasche.

Düwel ok, nu luurt jo oll, aber dat is de Wohrheit.

Da kamen sie zu einem großen allmächtigen Wasser, da waren drei Schiffe drauf.

Grode Schipps, und dat Woder, dat wor nix anners als unser Dümmer See.

Das eine Schiff, das rann, das andere, das sank, und das dritte hatte keinen Boden. Und in das Schiff, das keinen Boden hatte, da gingen sie alle drei hinein.

Düwel ok, wat möt datt for Kierls wesen sin.

Mit dem Schiff kamen sie in einen allmächtiggroßen Wald, da drinnen war ein allmächtiggroßer Baum.

Dat mut woll een Eechenboom wesen sin.

In dem Baum war ein allmächtiggroße Kapelle, und in der Kapelle war ein hagebuchener Küster und ein buchsbaumener Pastor.

Und wat meent ju, wat de beeden mogt hebben?

Die teilten das Weihwasser mit Knüppeln aus.

Dor kunnen wi dat Lachen nich torüch halln, und ick sek euch: Selig ist der Mann, der dem Weihwasser entlaufen kann.

In einer anderen Kirche erzählte der Pfarrer dieses Ostermärchen:
Eines Tages machte sich ein junges Mädchen aus der Stadt Brakel auf den Weg zur St.-Annen-Kapelle. Die Kapelle der Heiligen Anna lag unterhalb von Pinnenburg, und der Weg war nicht gerade der kürzeste. Das Mädchen aber hatte ein Anliegen, für das ihm auch der weiteste Weg nicht zu weit gewesen wäre. Es hätte sich nämlich gar zu gern verheiratet und wußte

auch genau, mit wem. Der weite Weg brachte es nun mit sich, daß es Zeit genug hatte, drüber nachzudenken, wie es der heiligen Anna sein Anliegen auf besondere Weise vorbringen könnte. Und weil es die erste Lerche in der Frühlingsluft tirilieren hörte, kam es auf den Gedanken, seine Bitte zu singen. Und bald hatte es die ersten Zeilen für den Bittgesang gefunden: *Oh, heilige Sankt Anne, verhilf mir doch zum Manne.* Das war wenig genug, auch wenn es das Mädchen dreimal hintereinander sang. Schließlich fiel ihm ein, wie es weitergehen sollte: *Du kennst ihn ja wohl. Er wohnt vorm Sutmertore, und er hat gelbe Haare.* Das paßte nicht so ganz, aber wenn es das mit den Haaren ein bißchen verschwommen sang, mochte es gehen. Schließlich hatte es die Kapelle erreicht. Die heilige Anna saß menschengroß auf dem Altar. Im Arm hatte sie das vierjährige Marienkind, dem sie aus einem Buch vorlas. Dem Mädchen blieb nichts anderes übrig, als die Bitte vorzubringen.

> *Oh, heilige Sankt Anne,*
> *verhilf mir doch zum Manne.*
> *Du kennst ihn ja wohl.*
> *Er wohnt vorm Sutmertore,*
> *und er hat gelbe Haore.*
> *Du kennst ihn ja wohl.*

Nun hatte das Mädchen in der Aufregung den Küster nicht bemerkt, der sich auch in der Kapelle aufhielt. Er war schnell hinter den Altar getreten, um nicht zu stören. Als er nun hörte, welches Anliegen die Verliebte vorbrachte, ritt ihn der Schalk. Er verstellte seine Stimme und rief: „Du kriegst ihn nicht, du kriegst ihn nicht, du kriegst ihn nicht!"
Das Mädchen aber meinte nichts anderes, als daß es das Marienkind oben auf dem Altar gewesen wäre. Da wurde es sehr böse. „Papperlapapp", rief es, „halt du den Schnabel, lüttje Göre, und laß die Mutter Anna reden."
Osterfreude, Ostergelächter. Von der anderen Geschäftigkeit der Ostertage soll auf den nächsten Seiten die Rede sein.
Wenn es darum geht, von den Osterbräuchen zu erzählen, bin

ich immer versucht, sofort vom Osterfeuer zu sprechen. Zu groß ist die Verzauberung, die davon ausgeht, wenn in der Dämmerung der hochaufgetürmte Berg des Osterfeuers angezündet wird, in das der Wind plötzlich hineinfährt und die Funken aufspringen läßt, so daß die Flammen johlend hochschlagen. Ich verpasse es in keinem Jahr.

Zuerst soll aber die Rede davon sein, daß mit Ostern ein neuer Zeitabschnitt beginnt, und daran erinnert werden, daß in früherer Zeit jedes Jahr nur zwei Hälften hatte: den Winter und den Sommer. Der Sommer begann mit der Tagundnachtgleiche, und das erste große Fest war Ostern. Zu Ostern mußte Pflügen und Säen auf dem Feld bereits zu Ende gebracht sein, und der Bauer ging mit seiner Familie am ersten Ostertag stolz und zufrieden um die bestellten Felder.

Im ganzen ostdeutschen Raum, im Böhmen, der Slowakei, über Ungarn bis nach Siebenbürgen hinein war Schmackostern auf dem Land ein weitverbreiteter Brauch. Darunter ist nichts anderes zu verstehen als das Schlagen, na, sagen wir Schmitzen, mit neunfach geflochtenen Ruten, je nach Liebe und Freundschaft. Die Ruten waren mit Bändern und Schleifen verziert. Schmackostern gingen vor allem die ledigen Burschen, und es wurde ihnen nicht verwehrt, in die Schlafkammern der Mädchen einzudringen, um sie mit ihren Ruten aus den Betten zu schmitzen. Natürlich warteten die Mädchen längst darauf und waren wach. Diejenige aber, die vielleicht doch noch geweckt werden mußte, war das Osterkalb. Die bändergeschmückte Rute sollte die Lebensrute darstellen. Wer damit geschlagen wurde, würde das ganze Jahr über gesund bleiben. Da diese Rute aber auch Symbol für Weiterleben und Fruchtbarkeit war, wurde auch das Vieh damit geschlagen.

Der Ostermontag ist überhaupt randvoll mit Geselligkeit und gemeinsamem fröhlichen Brauchtum. Wohin mit den Eiern, die den Kindern der Osterhase gebracht hat, die ihnen von Paten und Verwandten geschenkt worden sind, die sie zum Dank für ihr Klappern und Ratschen am Karfreitag eingeheimst haben? Wenn das Wetter einigermaßen schön ist, treffen sie sich auf einem vorher bestimmten Platz, meistens der Osterwiese, zum Eierpicken. Das ist die einfachste Sache von der

Welt, den Eierreichtum noch zu vermehren oder ihn im Handumdrehen zu verlieren.

Die Regel des Spiels ist, zwei Eier mit der Spitze gegeneinanderzuschlagen, zu picken. Derjenige, dessen Ei dabei eingedrückt wird, hat verloren und muß sein Ei herausrücken. Es handelt sich dabei natürlich um gekochte Eier, die weniger leicht zerbrechen, aber verdächtig macht sich einer schon, dessen Eierkorb voller und voller wird, ohne daß er auch nur einmal beim Picken verliert. Wehe ihm, wenn sich herausstellt, daß sein Ei mit Gips ausgegossen ist. Dann ist im nächsten Augenblick die schönste Rauferei im Gange. Gelingt es ihm nicht, noch rechtzeitig davonzukommen, verliert er seinen ganzen betrügerisch erworbenen Eierreichtum.

Ein anderes Spiel des zweiten Osterfeiertages ist das Eierrollen. Dabei lassen die Kinder zu zweit, zu dritt oder wie viele sich auch zusammentun, ihre Eier einen Abhang hinunterrollen. Derjenige, dessen Ei am weitesten rollt, hat alle anderen Eier gewonnen. Ein weitverbreitetes, überall ein wenig anders gehandhabtes Spiel ist das Eierlesen. Dieses Wettspiel wird nicht von Kindern ausgetragen, sondern von zwei jungen Männern. In einer Chronik wird davon berichtet, wie es von den Knechten des Hofes in Ellmarshausen ausgetragen wurde.

Einige Knechte begaben sich also am zweiten Ostertag in die in der Nähe liegenden Mühlen, wo sie nach scherzhafter Aufforderung von jedem Müller eine Anzahl Eier, zusammen etwa 120 bis 130, geschenkt erhielten. Nun zogen alle Knechte auf eine große Wiese bei Ellmarshausen, wo die Eier dann in eine einzige lange Reihe gelegt wurden, Stück um Stück, mit je einem Fuß Zwischenraum. An das oberste Ende dieser Eierlinie wurde ein Korb gestellt. Zwei Knechte, die sich stark genug fühlten, einen Wettlauf zu bestehen, traten hervor, um zu gleicher Zeit ihren Lauf zu beginnen. Des einen Ziel war das eine halbe Stunde von Ellmarshausen auf der Höhe liegende Dorf Rotfelden, von wo er, mit einem Zeugnis seiner Anwesenheit versehen, ungesäumt zurückkehren mußte. Des anderen Aufgabe dagegen war, von dem Korbe, welcher stehen blieb, bis zum untersten Ei der Linie zu laufen, dieses zu holen und behutsam in den Korb zu legen und ebenso mit allen übrigen

185

Eiern zu verfahren; doch durfte er immer nur eines holen. Hatte er auf diese Weise alle Eier in den Korb getragen, ehe der Gegner von Rotfelden wieder auf der Wiese eintraf, so war der Sieg sein; kam aber dieser mit seinem Lauf eher zu Ende als jener mit dem Eierlesen, so hatte er den Sieg.

War der Wettlauf abgeschlossen, so ging es zum Tanz, wobei die anderen Knechte den Sieger freihalten mußten. Die Eier wurden gemeinsam verzehrt.

Es gibt ein anderes Spiel, das Eierwerfen. Es fordert eine besondere Geschicklichkeit. Damit die Eier dabei nicht zerbrechen, muß man die rechte Hand etwas hohl machen und das Ei der Länge nach in die Höhlung legen, so, daß die Spitze gegen die Finger kommt.

Sodann soll der Mittelfinger etwas gebogen daraufgelegt und das Ei drehend in die Höhe geworfen werden. Weil es nun wegen der Umdrehung auf die Spitze fällt, zerbricht es nicht.

An dieses Rezept bin ich geneigt zu glauben. Denn ich weiß, daß zwei Eier in den hohlen Händen nicht zerbrechen, wenn sie genau mit den Spitzen gegeneinandergedrückt werden — nicht nur zu Ostern. Das kannte ich von meinem Onkel, der ein ziemlich verrückter Kerl gewesen ist und der in vorgerückter Stunde immer wieder einmal behauptete, es ginge eher eine Fensterscheibe in die Brüche als ein Ei, das mit der Spitze dagegen geworfen würde. Darauf ging er jedesmal sofort eine Wette ein. Und er hat die Eier zu Dutzenden dagegen geschmettert, natürlich vergebens. Es ging ihm ja auch nur um den Spaß, und weil zu seiner Zeit die Eier um Ostern spottbillig waren, hat ihn die Wette meistens wenig gekostet. Dafür ist es ihm voll und ganz gelungen, schallendes Ostergelächter hervorzurufen. Allerdings in einer Wirtsstube, denn ein Pastor war mein Onkel nicht.

Eine besonders schöne Ostersitte ist in der Nähe des Vogelsberges zu Hause, im hessischen Bernsfeld. Dort wird alljährlich von den ledigen Männern des Ortes die Osterkette angefertigt, von alters her, und keiner möchte dabei fehlen.

Am Karsamstag ziehen also die jungen Männer zu den Häusern, in denen junge Mädchen zu Hause sind. Vor den Türen fängt die ganze Schar an lauthals zu krähen und zu gackern, so lange, bis sie ihren Tribut erhalten hat. Das sind in jedem Haus etwa zehn Eier, und das geht so von einem der schmucken Fachwerkhäuser zum anderen. Wenn sie alle bekräht und begackert sind, werden die vollen Eierkörbe ins Wirtshaus getragen, wo die Eier von den jungen Männern ausgeblasen werden müssen. Dabei ist größte Vorsicht geboten, wie immer bei dieser zerbrechlichen Ware. Der Inhalt wird zu Eierkuchen verbacken nach einem bestimmten, traditionellen Rezept.

Während nun die weniger geschickten Burschen die ersten Eierkuchen verspeisen, sind die anderen bereits dabei, die ausgeblasenen Eier zu einer Kette aufzufädeln. Das zieht sich bis Mitternacht hin.

Sobald nun der erste Osterfeiertag angebrochen ist, wird die lange Eierkette aus dem oberen Fenster des Wirtshauses vorsichtig herabgelassen und von den Wartenden bis zum gegenüberliegenden Backhaus getragen und geleitet, wo auf dem Dachfirst einer der jungen Männer sitzt, der sie in Empfang nimmt und festmacht.

Am nächsten Morgen werden dann alle, die durch das Dorf zur Kirche gehen, von dieser Eierkette begrüßt. Sie gehört in Bernsfeld zum Osterfest, sie würde den Leuten fehlen, und den Kindern erst recht. Die dürfen nämlich, wenn Ostern vorbei ist, ein Ei nach dem anderen mit Steinen kaputtwerfen.

Ein anderer Brauch, der an der Grenze nach Thüringen hinüber gepflegt wird, erscheint mir ebenfalls erzählenswert.

Im Kreis Eschwege wird in Nesselröden von den Konfirmanden alljährlich das Eierbäumchen geschmückt. Das Eierbäumchen ist ein stattlicher Tannenbaum, der erst am Ostersonntag aus dem Wald geholt, auf einen Wagen geladen und auf den Dorfplatz gefahren wird. Der Baum wird aufgerichtet, ringsum mit Steinen abgestützt und mit vielen Ketten aus buntgefärbten Eiern geschmückt. Seit Weihnachten haben die Konfirmanden, so habe ich es erfahren, um jedes Ei gebettelt, das ihre Mütter zum Backen und Braten gebraucht haben. „Kann man's nicht ausblasen, Mutter, wir brauchen doch so viele." Und nun ist es soweit.

Unter sich teilen die Konfirmanden einander ihre Aufgaben zu. Die Jungen haben Stangen mitgebracht, um die Eierkette in

die oberen Äste des Tannenbaumes zu hängen, die Mädchen sorgen für die unteren Äste. Sie sind es auch, die nicht eher Ruhe geben, bis der geschmückte Baum in voller Pracht auf dem Wagen steht.

Wenn nichts mehr zu tun übrigbleibt, wird der immergrüne Osterbaum von den Kindern vorsichtig durch das Dorf gefahren. Und das schönste dabei ist, daß sie dazu Frühlingslieder und Osterlieder singen. Niemand im Dorf läßt sich diesen Umzug entgehen. Die Leute stehen vor den Haustüren und bringen den Kindern Eier zum Dank. Diese Eier werden nicht untereinander verteilt, Nein, in jedem Jahr sind einige Mütter bereit, Eierkuchen daraus zu backen, die von den Konfirmanden gemeinsam auf dem Dorfplatz verspeist werden.

In den katholischen Dörfern der Lausitz werden an jedem Ostersonntag, auch jetzt, nach der neuerlichen Zeitenwende, die Flurprozessionen abgehalten. Zum Beispiel in Ostritz bei Görlitz oder in Wittichenau im Kreis Hoyerswerda, wo die Sorben zu Hause sind. Diese Flurprozessionen stammen bereits aus vorchristlicher Zeit, sie führen zwischen den Feldern dahin, aus denen die Wintersaat grünt, und finden zu Pferde statt. Sie werden auch Kreuzprozessionen genannt, nicht allein weil das Kreuz mitgeführt wird, sondern weil es so eingerichtet ist, daß sich die Reiterzüge aus zwei Orten auf ihrem Weg kreuzen. An diesen sehr festlichen Prozessionen nehmen Reiter aus Stadt und Land teil, und jeder sieht es als eine feierliche Verpflichtung an, dabeizusein.

So geht es in langem Zug, geistliche Lieder singend, voran das Kreuz und die Kirchenfahnen, hinüber in das Dorf Ralbitz, während ein ebensolanger Zug von Kreuzreitern nach Wittichenau unterwegs ist. Alle Reiter tragen dunkle Anzüge und Zylinder. Sie werden vor den Kirchen der beiden Orte bereits vom Priester zur Weihe erwartet. Danach geben die Reiter das Kreuz und die Fahne in der Kirche ab und bringen ihre Pferde in den Gasthäusern oder bei Freunden unter. Daß diese Pferde nicht nur wunderbar gestriegelt sind, sondern feinstes Sattel- und Zaumzeug tragen und daß ihre Mähnen mit bunten Bändern und allerlei Zierat, wie Muscheln und Perlen, durchflochten sind, ist selbstverständlich.

Nach dem Nachmittagsgottesdienst machen sich die Kreuzreiter wieder auf den Heimweg. Und alle Glocken geben ihnen das Geleit, solange sie vom Kirchturm aus zu sehen sind.

Solche Reiterprozessionen sind nicht nur von den Sorben in der Lausitz bekannt. Je weiter man südlich kommt im deutschen Sprachraum, desto häufiger sind sie anzutreffen, in Tirol, in Südtirol. Eine der schönsten und aufwendigsten ist der Georgiritt, der jedes Jahr am zweiten Ostertag in Traunstein in Bayern stattfindet. Schöner geschmückte Rosse, wie die schweren Kaltblüter hier heißen, sind nirgendwo anzutreffen. Und kein Bauer scheut Kosten und Mühe, seinen Xaver oder seine Zenzi aufs beste herauszuputzen.

Jedes Roß, das für den Zug bestimmt ist, bekommt eine Perücke aus Flachs, der heutzutage kein Eigenanbau mehr ist und gekauft werden muß. Er wird zumeist von den Weibsleuten auf dem Hof in meterlange, kunstvoll verzierte Zöpfe geflochten, abendelang. Zum Zierat gehören fünfzig rote Rosen und fünfzig gelbe Schleifen aus Kreppapier und fünfzig Buchsbaumbüschel. Damit muß in der Frühe, nachdem die Kühe gemolken und gefüttert worden sind, der unruhige Hengst aufgeputzt werden, aber so, daß die Perücke „pfeilgrad in die Höhe steht". Am Ostermontag um neun Uhr, sobald die Kirchenglocken zu läuten beginnen, formiert sich der Reiterzug.

Der Stadtherold gibt das Zeichen:

Hie gut allerweg,
alten Brauches pfleg,
nach Ettendorf wir reiten,
wie zu der Väter Zeiten.

Der Herold trägt Helm, Umhang und Fahne, ihm folgen alle, die zu einem historischen feierlichen Umzug gehören: Trommler und Pfeifer und Ritter, auch die Geistlichkeit sitzt zu Pferd. Und schließlich reitet St. Georg daher, dem die Prozession gilt. Er ist von römischen Reitern umgeben, denn er war ja ein römischer Offizier, bevor er Christ und Bischof wurde. Dicht hinter ihm folgen auf Haflingerpferden halbwüchsige Engel, womit darauf hingewiesen werden soll, daß aus Georg schließlich der heilige Georg geworden ist.

An die fünfhundert Reiter sind es in jedem Jahr, die an diesem Georgiritt von Traunstein zur Ettendorfer Kirche teilnehmen. Viele Wagen mit Ehrengästen gehören zum Zug, Trachtengruppen sind dabei und natürlich Musikkapellen. Und die Schwerttänzer nicht zu vergessen. Sie kehren nach der Segnung der Pferde als erste nach Traunstein zurück und führen auf dem Marktplatz den kunstvollen Schwerttanz auf. Den sehen die „Rosserer" zumeist nicht, aber das nehmen sie gern in Kauf. Sie sind zu dieser Weihfahrt eigens gekommen, um von St. Georg den Segen für ihre Rosse zu erbitten und den Heiligen ferner um ein gutes Bauernjahr anzuflehen.

Im Hessischen ist es üblich, daß die Burschen am Abend des zweiten Osterfeiertages zum „Lettern" unterwegs sind. Mit Leitern ausgestattet, gehen sie zu den Häusern, in denen Mädchen wohnen, von denen sie sich Sympathien erwarten, vielleicht auch noch ein bißchen mehr. Über die Leiter steigen sie zu den Kammerfenstern hinauf, klopfen an die Scheiben oder an die Fensterläden und erwarten Eiergeschenke, schön verzierte Ostereier. Je kunstvoller verziert, desto größer die Zuneigung. Außerdem spielt dabei auch noch die Anzahl der überreichten Eier eine Rolle. Und wenn sie dann sogar noch in ein Tuch geknüpft sind, in dessen vier Ecken die Angebetete womöglich ein rotes Herz gestickt hat, kann eigentlich nichts mehr schiefgehen.

Trotzdem müssen diese liebevollen Eiergeschenke nicht immer zu einem guten Ende geführt haben. Wie wäre sonst ein altgewordener Mann aus Hessen zu einer ganzen Sammlung von kunstvoll verzierten Eiern gekommen.

Geht das Ei entzwei,
ist die Lieb vorbei.

Das steht auf einem davon geschrieben. Ich denke, bei ihm ist sie mehr als einmal vorbeigegangen, ohne daß dieses zerbrechliche Orakel versagt hätte.

Im Zusammenhang mit diesem Osterbrauch sollen die mit Sand gefüllten Eier nicht verschwiegen werden, die manchem unwillkommenen Burschen in die Hände gedrückt worden sind. Noch schlimmer erging es denen, die ein Stinkeei hinterhergeworfen

190

bekamen. Ein Stinkeei ist ein angebrütetes Ei und verdient seinen Namen voll und ganz. Aber wo bekommen denn die Mädchen heutzutage noch angebrütete Eier her? Wo gibt es denn auf dem Land noch Hühner, die ihre Küken ausbrüten? Heutzutage werden die Küken doch in Brütereien auf die Welt gebracht, und die flaumigen Dingerchen, die in den Ostertagen gelegentlich in den Schaufenstern herumspazieren — Ach, wie süß! Ach, wie goldig! Ach, guck doch mal! —, werden von keiner Henne geführt. Deshalb müssen sich die Mädchen heutzutage mit Eiern begnügen, die sie mit Sand füllen oder mit Farbe oder mit etwas anderem, das stinkt, wenn sie ihre Abneigung zum Ausdruck bringen wollen.

Um sich dafür zu rächen, haben die abgeblitzten Burschen eine Katzenmusik erfunden. Sie nennen es „die Bockhaut klopfen". Dazu gehört mindestens einer, der die Mundharmonika bläst, und recht viele, die den Takt dazu schlagen, mit Stöcken und Knüppeln, an die Fensterläden, an die Haustür oder auf die Bank vor dem Haus.

Um die Jahrhundertwende wurde es üblich, Verwandten, Bekannten und Freunden Ostergrüße zu senden. So, wie bereits seit Jahrzehnten die Lieben mit Weihnachtspostkarten bedacht wurden. Jetzt war Ostern für die Postkartenhersteller entdeckt, und sie legten los.

Wer das Glück hat, eine ganze Sammlung von Osterpostkarten zu sehen, dem fällt auf, daß christliche Motive, wie etwa die Kreuzigung, das leere Grab oder die Auferstehung, nur selten anzutreffen sind. Allenfalls ein Engel, der eine Glocke läutet oder dem Lämmer zu Füßen liegen. Dagegen sind Kinder, Hühnchen und Hähnchen, kleine und große Osterhasen, Hasenfamilien, die Eier bemalen oder verstecken, in einer Vielfalt anzutreffen, die nicht zu beschreiben ist. Ebenso beliebt sind die Karten mit den Frühlingsblumen: Weidenkätzchen-, Himmelschlüssel- oder Veilchensträuße. Selbst die Künstler des vornehmen Jugendstils gestalteten Osterkarten.

Mag sein, daß dieses Versenden von Osterkarten dem österlichen Brauchtum, strenggenommen, nicht zuzuordnen ist. Da es sich aber acht Jahrzehnte erhalten hat, sollte es nicht übergangen werden.

Es ließe sich allein ein Buch mit den Bräuchen der Osterzeit füllen, und immer wieder würde dazwischen das Osterfeuer auflodern. Allein schon deshalb, weil es nach dem Glauben unserer Altvorderen ein reinigendes Feuer ist. Und so soll nun von einem besonderen Feuerbrauch erzählt werden.

In der Stadt Lügde im Weserbergland werden bis heute am ersten Osterfeiertag brennende Räder von der Höhe des Osterberges ins Tal hinabgelassen. Und die Leute sagen, eintausendzweihundert Jahre dürften vergangen sein, seit die Räder zum ersten Mal ihre flammende Bahn durch die Osternacht gezogen haben. Ist der Brauch ein Opferkult, Gott Wotan geweiht oder der Sonne? Niemand kann es mehr sagen. Sicher ist nur, daß der Lauf dieser brennenden Räder auch heute noch eine Anziehungskraft für Tausende hat.

Am Karfreitag, wenn die Kreuzprozession in Lügde beendet ist, gehen die Dechen von Haus zu Haus. Die Dechen sind ein Verein, der sich einmal aus einem Zehnerausschuß gegründet hat. Diese Dechen gehen also von Haus zu Haus und laden die Bevölkerung zum Fest der brennenden Räder ein. Sie erwarten dafür eine Gabe, die zum Gelingen des Festes beitragen soll.

Die Osterräder, die vom Osterberg herablaufen, sind mannshoch und aus Eichenholz. Sie werden eine Woche lang in der Emmer gewässert, damit sie während des Feuerlaufes nicht allzuviel Schaden nehmen. Am Nachmittag des ersten Feiertages werden sie im festlichen Umzug durch die geschmückten Straßen geführt, hinauf zum Osterberg. Ein Böllerschuß verkündet ihre Ankunft, und gleichzeitig wissen alle, daß jetzt das Stopfen der Räder beginnt. In mühsamer Arbeit wird Stroh in kleine Büschel geteilt und mit gedrehten Haselruten zusammengebunden. Diese Strohbüschel werden dann wieder mit Haselruten an der sogenannten Kranzweide festgezurrt, die um den Schnittpunkt der beiden Kreuzbalken geschlungen worden ist. Zwanzig Bund Stroh werden so nach und nach in jedes Rad geflochten. Dieses Stopfen ist die wichtigste Arbeit der Dechen. Sie brauchen den ganzen Osternachmittag dazu.

Gegen acht Uhr abends zünden die Dechen auf dem Osterberg über der Stadt das Osterfeuer an. Es gibt kein feierlicheres

abendliches Osterbild als dieses Feuer, das von dem zehn
Meter hohen beleuchteten Osterbergkreuz überragt wird.
Und dann wieder ein Böllerschuß. Die Beleuchtung des Kreu-
zes erlischt. Das erste Rad wird zum Standplatz gebracht und
angezündet. Das trockene Stroh lodert auf. Muß nicht das
Rad verbrennen? Die Dechen haben eine Stange durch die
Mittelachse geschoben, damit es sein Gleichgewicht behält.
Jetzt schieben sie an, das Rad setzt sich in Bewegung.
Zuerst langsam, dann schneller, immer schneller rollt es den
Osterberg hinab. Erst hüpft es, dann springt es über die Wege.
Es zieht eine feurige Bahn durch die Felder, durch die Wiesen.
Wird es in die Gärten hineinrollen? Ist es noch aufzuhalten?
Die Glocken läuten, Tausende jubeln, eine Kapelle spielt,
und schon rollt das zweite Rad heran.
So geht es, bis alle Feuerräder den Osterberg hinabgerollt
sind. Die Begeisterung nimmt kein Ende.
Nur alle fünf bis sechs Jahre müssen die Eichenräder erneuert
werden, das sei noch hinzugefügt. Doch auch fünf, sechs Jahre
gehen um. Deshalb erbitten die Dechen eine Spende auch
für neue Räder, wenn sie von Haus zu Haus gehen in jedem
Jahr nach der Karfreitagsprozession.
Die österlichen Tage enden mit dem Weißen Sonntag, und das
ist der Sonntag nach Ostern. Bis dahin geht das Alltägliche
noch nicht ganz wieder seinen gewohnten Gang. Es ist noch
Kuchen im Haus, vielleicht noch Besuch. Die Ostersträuße
sind noch nicht welk, und vor allem die buntgefärbten Eier
daran lassen das Leben noch österlich festlich erscheinen.
Nach dem Weißen Sonntag aber ist Ostern zu Ende, auch wenn
das kirchliche Osterfest erst mit dem Tag von Christi Himmelfahrt aufhört.

Das Fest aller Feste

Im vierzehnten Kapitel wird von der russischen Osternacht erzählt, in der plötzlich die Lichter aufflammen, von Osterkerzen und Osterküssen, es wird erzählt, auf welche Weise die Leute in Finnland zu Eiern kommen und welches Schicksal die Zugvögel auf Capri zu Ostern ereilte.

Christus ist auferstanden, ja, er ist wahrhaftig auferstanden! Nirgendwo in der Welt wird es einfacher und begreiflicher ausgedrückt als in der Ostkirche. Der Priester verkündet es den Gläubigen, die Stunde um Stunde in der dunklen Kirche gebetet und gewartet haben. Plötzlich wird die Kirche hell. Ein Licht nach dem anderen flammt auf, Christus ist auferstanden. Es ist Ostern geworden, das Freudenfest der Christenheit in aller Welt ist gekommen.

In Rußland ist Ostern das wichtigste Fest des ganzen Jahres. Und ich bin überzeugt davon, so sehen es die Gläubigen dort heute noch. Sobald der Priester zum dritten Male sein „Christos woskres" gerufen hat, die Lichter aufgeflammt sind und die Gläubigen ihm mit „Voistymo woskres" geantwortet haben, kommt über alle die Osterfreude. Sie umarmen einander und tauschen den Osterkuß. Christus ist auferstanden — ja, er ist wahrhaftig auferstanden. Nach dem Gottesdienst geht es dann mit den brennenden Kerzen, die an der Osterkerze entzündet worden sind, durch die Nacht nach Hause, wo bereits der Tisch gedeckt ist, um der Fastenzeit ade zu sagen.

In der Ukraine nehmen die Gläubigen alle Speisen, die an den Osterfeiertagen verzehrt werden sollen, mit in die Kirche. Der Priester weiht die vollen Körbe, bevor sie im Haus auf den Tisch kommen: das duftende runde Osterbrot, die hartgekochten, gefärbten Ostereier, Schinken, Wurst, Käse — und Salz natürlich, wie es in Rußland üblich ist. Nicht zu vergessen der Meerrettich, denn bei aller bevorstehenden fröhlichen Tafelei soll das bittere Leiden Christi nicht ganz vergessen werden.

In seiner Osterlegende erzählt Michail Saltykow-Schtschedrin von der Freude, die über die Ärmsten gekommen war, als in der allerersten Stunde dieses neuen Tages Christus selbst, der Auferstandene, sich ihnen nahte. Der Bedrückten und Geschlagenen nahm er sich zuerst an und tröstete sie. Friede sei mit euch, sprach er und fand unter ihnen die Todesangst wieder, die über ihn selbst gekommen war, als er im Garten Gethsemane gebetet hatte.

Von den Gequälten und Unterdrückten ging er zu den Reichen, zu denen, die herrschten und wucherten. Der Auferstandene ging auch zu den Dieben und zu den ungerechten Richtern. Er rechnete mit ihnen allen ab und vergaß keine ihrer Sünden. Und doch ließ er sie nicht zerknirscht zurück. Er gab ihnen die Hoffnung, daß diejenigen ihnen vergeben würden, die von ihnen betrogen worden waren, weil er selbst die Sünden aller auf sich genommen hatte.

Dann aber, als sich über der Steppe das erste Morgenrot zeigte, als der erste Ostertag kam, wurde seitwärts an einer Espe ein Erhängter sichtbar. Er war bis jetzt von der Dunkelheit verhüllt gewesen. Christus erkannte ihn, und „der Blick des Auferstandenen flammte im Zorn auf. ‚Oh, Verräter‘, sprach er, ‚du glaubtest, der freiwillige Tod könnte dich von der Bürde des Verrates befreien.‘"

Der Erhängte war Judas Ischariot, der Jünger, der Jesus in der Nacht der Gefangennahme mit einem Kuß verraten hatte, für Geld, für dreißig Silberlinge. Als Jesus im Prozeß zum Tode verurteilt wurde, begriff Judas, was er getan hatte. Er ging aus dem Hof und erhängte sich.

Und nun hing er also dort an der Espe, und Jesus ging zu ihm. Er hieß ihn, vom Baum herabzusteigen, und verurteilte ihn zum ewigen Leben. Es sollte sein Schicksal sein, von Stadt zu Stadt und von Dorf zu Dorf zu wandern und nirgends ein Obdach zu finden. Nirgends einen Schluck Wasser, nirgends ein Stück Brot, selbst der Tod, die einzige Erlösung für Judas Ischariot, würde ihm den Rücken zukehren und sagen „Sei verflucht, Verräter". Und so zieht Judas bis zum heutigen Tag durch die Welt und sät überall Verwirrung, Verrat und Zwietracht.

In Griechenland findet die Osterfeier in ähnlicher Weise statt wie in Rußland und überall dort, wo die Menschen nach griechisch-orthodoxem Glauben getauft sind. Auch in Griechenland ist Ostern das Fest aller Feste. Obwohl die ernsthafte Karwoche doch noch ein bißchen farbiger ist als anderswo. Allein, weil der Himmel blauer und sonniger ist, wodurch das Rot und Gold der priesterlichen Gewänder strahlender aufleuchtet, weil sich die Prozession am Palmsonntag mit silbernen und goldenen Kreuzen zur Fußwaschung von der Kirche her auf den Marktplatz bewegt.

Ich denke aus einem bestimmten Grund an die Insel Patmos. Auf Patmos hat der Jünger Johannes für einige Jahre Zuflucht gefunden. Johannes, von dem Jesus gesagt hat: „Er ist es, den ich liebe." Wie die meisten frühen Bekenner hat Johannes vor den Christenverfolgern fliehen müssen. Auf Patmos hat er zuerst in einer Grotte gelebt. Später ist an dieser Stelle ein Kloster erbaut worden, ein Kloster, das einer Festung gleicht. Die Bewohner der Insel haben mehr als einmal Zuflucht darin gesucht und gefunden.

Es ist schön, dieses schmale Gäßchen hinauf zum Kloster zu gehen, das zwischen den leuchtendweißen Würfelhäusern dahinführt, höher und höher. Aus jedem Mauervorsprung blüht es, gelb und rot. Und die Frauen, auch in den ärmlichsten Häusern, sind dabei, den Osterkuchen zu backen und die Ostereier rot zu färben. Kein Fremder, der an einem Haus vorüberkommt, wird leer ausgehen. Xenos heißt in der griechischen Sprache Fremder und zugleich Gast. Und dieser Fremde, der auch Gast ist, wird den stillen Karfreitag miterleben mit dem kerzenbeleuchteten Leichnamszug. Am Ostersamstag aber verwandelt sich die Schwermut in Freude, was nicht zuletzt an den roten Schürzen und rosafarbenen Röcken, an den weißen Blusen und Hemden zu erkennen ist, die tagelang vorher gewaschen, auf der Leine getrocknet und jetzt auf Hochglanz gebügelt werden. In den Abendstunden des Karsamstags beginnt die Auferstehungsmesse in fast völliger Dunkelheit, bis der Priester das Erlösungswort spricht: „Christus ist auferstanden!"

Die Gläubigen zünden ihre Kerzen an der ewigen Flamme an, gehen aus der Kirche und tauschen den Auferstehungskuß. Dazu läuten alle Kirchenglocken der Insel, die Schiffssirenen heulen, Böllerschüsse werden abgefeuert, und ein großes Feuerwerk wird abgebrannt.

Mitternacht ist längst vorrüber, trotzdem setzen sich die Leute daheim oder in den kleinen Restaurants zur traditionellen Ostersuppe zusammen. An den beiden Osterfeiertagen spiegeln sich die Höhepunkte des Lebens wider: in festlichen Gottesdiensten und in gemeinsamen Tänzen. Das eine ist so farbenprächtig wie das andere.

Strenggläubige Griechen sind überzeugt davon, daß Christus nach seinem Tod am Karfreitag bis zu seiner Auferstehung im Hades gewesen ist, in der Hölle, um auch dort die Macht des Bösen zu brechen und um mit seinem Opfertod alle Sünder zu erlösen.

In Nordeuropa sind die Osterbräuche von jeher spärlich gewesen. Der Grund ist nicht allein der protestantische Glaube, der dort überwiegt. Vielmehr verboten sich große Feste im Frühjahr von selbst, weil die Vorräte aufgezehrt waren. Was heute keine Rolle mehr spielt, hat in Zeiten, in denen sich jedes Land selbst versorgte, auch das Ausmaß der Feste bestimmt.

In Finnland war es nicht üblich, eine Hühnerschar zu halten, des Futters wegen. Auch wenn jeder Bauer oder Kätner sich einen Hahn anschaffte, um nachts die Zeit zu wissen, und ein Huhn dazu, das den Hahn dann wieder beschwichtigte. Ostern also ohne üppige Eierspeisen, ohne eierhaltiges Ostergebäck. Deshalb auch keine Osternester mit gefärbten Ostereiern, und ein Osterhase erst recht nicht. Ein paar Wochen nach Ostern erst, sobald Birkhühner, Auerhühner und Wildenten zu legen angefangen hatten, Wildgänse und Schneehühner zurückgekommen waren. Um möglichst viele Eier zu finden, wurden an den Bäumen in Ufernähe auch noch Nistkästen für Schellenten und Tauchenten aufgehängt. Während die jungen Leute nun das Vieh hüteten, das nach den Wintermonaten endlich wieder auf die Weide gehen konnte, hatten sie Zeit, aufzupassen, wo Birkhühner, Enten und Gänse ihre Gelege einrichteten und ob die aufgehängten Nistkästen besetzt worden waren. Sie wollten sich die gelegten Eier holen. Auf diese Weise bekamen auch sie eine Menge Eier zusammen.

Nachgeholfen hatten sie der erfolgreichen Suche damit, daß sie am ersten Osterfeiertag in aller Frühe in den Stall gegangen waren — in einigen Gegenden mußte das rückwärts und mit geschlossenen Augen geschehen —, sich bis zu dem Stier getastet und ihm über die Hoden gestrichen hatten. Wobei ein Beschwörungsspruch hergesagt werden mußte. Wer morgens im Stall der erste war, würde später die meisten Gelege finden und konnte mit zahlreichen Eiern rechnen.

Die kleineren Kinder machten sich Nester aus Holzspänen und füllten sie mit Tannenzapfen als Ersatz für Eier. Oder sie bauten Nester aus Birkenruten und Moos. Wenn keine Zapfen zu finden waren, mußten es kleine Steine tun. Am Gründonnerstag suchten sie dann ernsthaft danach und brachten die Nester voller Freude mit nach Hause. Auch sie waren ein gutes Zeichen dafür, daß die Kinder später viele Wildvogeleier finden würden.

Richtiges Ostergebäck gibt es in Finnland nicht, dafür aber eine einzige Speise, die nur zu Ostern gegessen wird. Es ist ein süßer, gebackener Malzbrei, das Mämmi. Er wird aus gemälzten Mehl hergestellt und stehengelassen, bis daraus ein dicklicher, etwas saurer Brei geworden ist. Er kann mit eingelegten Beeren gegessen werden oder heutzutage oft mit Zucker und Sahne. Er kann aber auch wie Suppe gelöffelt werden oder so dünn sein, daß er als Ersatz für frische oder saure Milch getrunken wird. Wobei noch einmal an das Frühjahr erinnert sein soll, die schwierigste Zeit in Nordeuropa.

In Irland wird in der Nacht zum Ostersonntag frisches Quellwasser in die Häuser geholt. „Holy well" trinkt die ganze Familie, um das Jahr über gesund zu bleiben.

Ebenso machten es die italienischen Bauern in der Gegend um Bologna. Nur gehen sie nicht nachts nach dem Osterwasser, sie warten, bis das Gloria im feierlichen Hochamt ertönt, dann eilen sie davon und waschen sich die Augen.

Von einem österlichen Brauch auf der Insel Capri berichtet der Schriftsteller und Arzt Axel Munthe. Hoch oben in dem Dorf San Michele hatte er sich sein Haus gebaut, und an jedem Ostersonntag ging er zum Ostergottesdienst. Ihm gegenüber hatte ein blinder Bettler seinen Platz an der Kirchentür, der den Besuchern die Hand nach einem Soldo, einem Groschen, entgegenstreckte.

Auf der anderen Seite der Kirchentür stand Axel Munthe. Auch er streckte den Besuchern seine Hand entgegen. Der Soldo, den er erwartete, war jedesmal ein kleiner Vogel. Die Vögel steckten in den Jacken- und Hosentaschen der Männer, in den gefalteten Schals der Frauen, und die Kinder hatten sie einfach in den Händen. Eine zweitausendjährige Tradition heiligte diese Grausamkeit, die jedes Jahr mit der Karwoche anfing.

Unter den Olivenbäumen, unter Weinstöcken wurden Schlingen aufgestellt, in denen sich die Vögel verfingen, wenn sie auf ihrer Rückreise aus dem Süden, hoch oben über Capri, eine Ruhepause einlegen wollten. In der Kirche von San Michele aber sollten sie während des Ostergottesdienstes zum Symbol der heiligen Taube werden, die während der Auferstehungsfeier zum Himmel hinaufschwebt.

Und die Vögel, die tagelang an Fäden gefesselt gewesen waren, versuchten es. Sie flatterten von Kirchenfenster zu Kirchenfenster, bis sie sich daran die Flügel geknickt und das Rückgrat gebrochen hatten. Sie fielen auf den steinernen Kirchenboden und starben.

Axel Munthe hatte das nicht nur einmal mit angesehen. Auf einen Ausweg sinnend, war ihm der Gedanke gekommen, im Morgengrauen auf das Dach der Kirche zu steigen und ein paar Fensterscheiben einzuschlagen, um die Vögel zu retten. Aber es waren nur wenige, die den Weg in die Freiheit wirklich fanden. Deshalb nutzte er das Ansehen, das er unter den Leuten von Capri genoß. Er stellte sich dem Bettler gegenüber vor dem Ostergottesdienst an die Kirchentür und bettelte um jedes einzelne Vogelleben.

Das Osterkalendarium

In diesem Anhang sind die Festtage des Osterfestkreises übersichtlich zusammengefaßt nebst der Übersetzung ihrer lateinischen Namen und einer kurzen Erklärung.

Das Osterkalendarium

Wochen-
tag

	Do	Schmalziger Donnerstag
Sechs Tage	Fr	Rußiger Freitag
Fastnacht,	Sa	
Fasching,	So	Quinquagesima oder Estomihi
Karneval	Mo	Rosenmontag
	Di	Fastnachtdienstag
	Mi	Aschermittwoch
	So	Erster Fastensonntag oder Invokavit
	So	Zweiter Fastensonntag oder Reminiszere
	So	Dritter Fastensonntag oder Okuli
Vierzig Tage	So	Vierter Fastensonntag oder Lätare
Fastenzeit,		
ohne die	So	Fünfter Fastensonntag, Passionssonntag oder Judika
Sonntage		
zu zählen	So	Palmsonntag
	Mi	Krummer Mittwoch
	Do	Gründonnerstag
	Fr	Karfreitag
	Sa	Karsamstag
	So	Ostersonntag

	Mo	Ostermontag
	So	Erster Sonntag nach Ostern, Weißer Sonntag oder Quasimodogeniti
	So	Zweiter Sonntag nach Ostern oder Misericordias Domini
Fünfzig Tage Nachfeier, endet mit dem Pfingstfest	So	Dritter Sonntag nach Ostern oder Jubilate
	So	Vierter Sonntag nach Ostern oder Kantate
	So	Fünfter Sonntag nach Ostern oder Rogate
	Do	Christi Himmelfahrt
	So	Sechster Sonntag nach Ostern oder Exaudi
	So	Pfingsten

Innerhalb des Kirchenjahres nimmt Ostern seinen besonderen Platz ein. Der engere Osterfestkreis beginnt am siebenten Sonntag vor Ostern und endet zu Pfingsten. Der weitere Osterfestkreis beginnt schon am Dreikönigstag.

Die katholische Kirche hatte seit dem Konzil zu Benevent im Jahre 1091 ein vierzigtägiges Fasten vorgeschrieben. Diese Fastenzeit rechnete man vom Osterdatum aus zurück, wobei die Sonntage nicht mitgezählt wurden. So begann die Fastenzeit am Aschermittwoch und endete am Karsamstag. In unserer Zeit, nach der Neuordnung von 1966, sind als Fastentage nur noch Aschermittwoch und Karfreitag verbindlich.

An der Berechnung der Osterzeit hat sich dadurch nichts geändert.

Der *schmalzige Donnerstag,* er wird auch schmutziger oder fetter Donnerstag genannt, ist der erste Tag des Narrenregimentes, häufig heißt er auch Weiberfastnacht. Er bedeutet das Ende der Vorfastenzeit, die am Dreikönigstag begann; so erklärt sich wohl auch sein Name.

Der *rußige Freitag* ist der zweite Tag der Fastnacht. In manchen Gegenden werden keine Larven oder Masken getragen, das Gesicht wird nur mit Ruß beschmiert.

Der *Sonntag Estomihi,* auch Pfaffen- oder Herrenfastnacht genannt, ist der siebente Sonntag vor Ostern. Nach dem ersten Wort des Eingangsgesanges der lateinischen Liturgie hat der Tag seinen Namen; mit „Esto mihi" beginnt der Psalm 31, 3: „Sei mir ein schützender Fels, eine feste Burg, die mich rettet." In der katholischen Kirche wird der Tag auch Quinquagesima genannt, der „fünfzigste" Tag vor Ostern. Die „Herrenfastnacht" rührt daher, daß an diesem Tage in geschlossenen Herrengesellschaften Fastnacht gefeiert wurde.

Der *Rosenmontag* ist der Höhepunkt des Fastnachtsbrauchtums im Rheinland mit den großen Fastnachtsumzügen. Seinen Namen hat er von dem niederrheinischen Wort rosen = rasen, tollen.

Der *Fastnachtsdienstag* ist der letzte Tag der Fastnacht und der Höhepunkt im alemannischen Raum.

Am *Aschermittwoch* beginnt die Fastenzeit, die Vorbereitung auf Ostern. In Erinnerung an das vierzigtägige Fasten Jesu in der Wüste dauerte die Fastenzeit ebenfalls vierzig Tage. Aschermittwoch ist die Wende vom Fastnachtstreiben zur Buße und zur persönlichen Einkehr, zur Reinigung von Seele und Körper. Als äußeres Zeichen der Bußfertigkeit trug und trägt man ein Aschenkreuz auf der Stirn.

Der *erste Fastensonntag* wird nach dem Eingangsgesang auch Invokavit genannt, nach Psalm 91, 15: „Wenn er mich anruft, dann will ich ihn erhören." Es ist derjenige Psalm, der den Gläubigen Schutz verheißt in allen Gefahren. Zeitweise wurden bei der Berechnung der Fastenzeit die vier Fastensonntage mitgezählt, so daß die Fastenzeit später begann. Daher fallen manche alten Fastnachtsbräuche auch in die heutige Fastenzeit. Danach wird der erste Fastensonntag auch Funkensonntag genannt. Besonders im Südwesten des deutschsprachigen Raumes werden Scheiterhaufen, sogenannte Funken, angezündet.

Der *zweite Fastensonntag* wird nach dem Eingangsgesang der Liturgie für diesen Tag auch Reminiszere genannt, nach Psalm 25, 6: „Denk an dein Erbarmen, Herr, und an die Taten deiner Huld, denn sie bestehen seit Ewigkeit." Es ist das Gebet um Gottes Schutz, gnädige Leitung und Vergebung der Sünden.

Der *dritte Fastensonntag* wird nach dem Eingangsgesang Psalm 25, 15 auch Okuli genannt: „Meine Augen schauen stets auf den Herrn; denn er befreit meine Füße aus dem Netz."

Der *vierte Fastensonntag* wird auch Lätare genannt nach dem Eingangsgesang aus dem Buch Jesaja 66, 10: „Freut euch mit Jerusalem! Jubelt in der Stadt...!" Es ist der Sonntag nach dem Mittfasten-Mittwoch, man feiert Frühlingsfeste und Sommereinbringen, der Winter wird ausgetrieben.

Der *Passionssonntag,* der fünfte Fastensonntag, wird nach der Kalenderreform der katholischen Kirche auch fünfter Sonntag der Quadragesima genannt. Ebenso heißt er Judika nach dem Eingangsgesang Psalm 43, 1: „Verschaff mir Recht, o Gott, und führe meine Sache..."

Der *Palmsonntag* leitet die Passionszeit ein, die Leidenszeit Christi. Er ist benannt nach dem triumphalen Einzug Jesu in Jerusalem. Jesus ritt auf einem Esel durch die Straßen, die mit Palmblättern geschmückt waren. Bei uns werden in den Palmprozessionen Buchsbaum, Heide und Stechpalmen, Wacholder oder Weiden mitgetragen und im Gottesdienst geweiht. Erstmals wird in der Messe die Passion gelesen.

Am *Krummen Mittwoch* wird die erste der drei „Finstermetten" gelesen. Es sind die Andachten, mit denen an Leiden und Sterben Jesu Christi gedacht wird.

Am *Gründonnerstag* wird die Einsetzung des Heiligen Abendmahles begangen. Es ist der Tag, an dem Jesus den Jüngern die Füße gewaschen hat, an dem er von Judas verraten wurde und am dem sein Leidensweg auf dem Ölberg begann.

Am *Karfreitag* starb Jesus nach biblischer Überlieferung den Kreuzestod. Als Trauertag (von althochdeutsch „Chara" = Trauer) ist er ein Tag der stillen Besinnung.

Der *Karsamstag* ist der Tag der Grabesruhe Jesu Christi, der letzte Tag der Fastenzeit.

Am *Ostersonntag* beginnt das Hauptfest des Kirchenjahres, die Auferstehung Jesu Christi wird gefeiert. Ostern fällt auf den ersten Sonntag nach dem Frühlingsvollmond (laut dem nicäischen Konzil 325 n. Chr.), alle anderen Festtage und Termine des Osterkreises müssen entsprechend zurückgerechnet werden.

Der *Weiße Sonntag* beschließt die Osteroktav, die achttägige Nachfeier des Osterfestes. Sein Name geht auf die weißen Taufhemden zurück, in denen die Täuflinge die ganze Osterwoche hindurch zum Gottesdienst in der Kirche erschienen. Nach dem Eingangsgesang aus 1. Petr 2, 2 wird er auch Quasimodogeniti genannt: „Wie neugeborene Kinder" sollen die Christen begierig sein nach der unverfälschten Milch des Christentums. Dieser Sonntag wird für die Erstkommunion bevorzugt.

Der *zweite Sonntag* nach Ostern wird Misericordias Domini genannt, „Gnade des Herrn", nach Psalm 89, 2, oder auch Misericordia, „Güte des Herrn", nach Psalm 33, 5.

Der *dritte Sonntag* nach Ostern wird auch Jubilate genannt, „frohlocket", nach dem Eingangsgesang aus Psalm 66. Es ist der Psalm des Dankes an Gott für die wunderbare Führung seines Volkes.

Der *vierte Sonntag* nach Ostern wird auch Kantate genannt nach dem Eingangsgesang aus Psalm 98: „Singet" dem Herrn ein neues Lied ... Es ist das Jubellied von den Siegen des Herrn in aller Welt.

Der *fünfte Sonntag* nach Ostern wird auch Rogate genannt und leitete früher die Bittwoche mit ihren Bittprozessionen ein, die heute nicht mehr an diesen Zeitraum gebunden sind.

An *Christi Himmelfahrt* wird die leibliche Auferstehung Jesu Christi in den Himmel gefeiert und als Pfand für die Auferstehung der Menschen angesehen. Christi Himmelfahrt wird vierzig Tage nach Ostern gefeiert.

Der *sechste Sonntag* nach Ostern wird Exaudi genannt, nach dem Eingangsgesang aus Psalm 27, 7: „Vernimm, o Herr, mein lautes Rufen ..."

Zu *Pfingsten,* fünfzig Tage nach Ostern, wird die Gründung der christlichen Kirche gefeiert. Sie erfolgte an dem Tag, an dem der Heilige Geist die Apostel erfüllte.